Axel Kühner

Leben über sich selbst hinaus

Axel Kühner

Leben über sich selbst hinaus

Impulse für einen befreiten Glauben

neukirchener
aussaat

MIX
Papier aus verantwortungsvollen Quellen
FSC® C006701
FSC
www.fsc.org

Dieses Buch wurde auf FSC®-zertifiziertem Papier gedruckt. FSC (Forest Stewardship Council) ist eine nichtstaatliche, gemeinnützige Organisation, die sich für eine ökologische und sozialverantwortliche Nutzung der Wälder unserer Erde einsetzt.

Bibliografische Information der Deutschen Nationalbibliothek

Die Deutsche Nationalbibliothek verzeichnet diese Publikation in der Deutschen Nationalbibliografie; detaillierte bibliografische Daten sind im Internet über http://dnb.d-nb.de abrufbar.

Umschlaggestaltung: Andreas Sonnhüter, Düsseldorf
unter Verwendung eines Bildes von © Zooropa/Fotolia.com
Lektorat: Birgit Doobe, Duisburg
DTP: Breklumer Print-Service, Breklum
Verwendete Schriften: Stempel Garamond
Gesamtherstellung: CPI – Ebner & Spiegel, Ulm
Printed in Germany
ISBN 978-3-7615-5845-4

www.neukirchener-verlage.de

Inhalt

Leben über sich selbst hinaus

Wer sich beabsichtigt, kann sich verfehlen.
Wer sich empfängt, kann sich finden.
Leben will angenommen, wahrgenommen, ernst genommen sein. So finden wir uns selbst, unseren Weg, unsere Aufgaben und Vorstellungen. Und wenn wir über dem Nehmen der Lebensmöglichkeiten zum Danken kommen, gelangen wir über uns hinaus zum Geber. Nur wer weiß, dass er sich einem anderen verdankt, ist lebenstüchtig. Wer sein Leben als Gabe empfängt, dem Geber dankt, wird über sich hinaus auch zum Nächsten finden und mit ihm teilen.
So entsteht ein wunderbarer Dreiklang des Lebens: nehmen, danken, geben! – Das Leben bewusst nehmen, sich Gott verdanken und mit den Mitmenschen teilen.
So hat es Jesus gelebt und uns als Vermächtnis gelassen: Er nahm und er dankte und er gab! – Leben über sich selbst hinaus!

Ein Schiff, das sich Gemeinde nennt

Und der Herr sprach zu Noah: Geh in die Arche, du und dein ganzes Haus; denn ich habe dich gerecht erfunden vor mir zu dieser Zeit. Von allen reinen Tieren nimm zu dir je sieben, das Männchen und sein Weibchen, von den unreinen Tieren aber je ein Paar [...]. Desgleichen von den Vögeln unter dem Himmel je sieben, das Männchen und sein Weibchen, um das Leben zu erhalten auf dem ganzen Erdboden.
Und Noah tat alles, was ihm der Herr gebot. Und er ging in die Arche mit seinen Söhnen, seiner Frau und den Frauen seiner Söhne vor den Wassern der Sintflut.
Und als die sieben Tage vergangen waren, kamen die Wasser der Sintflut auf Erden. An diesem Tag brachen alle Brunnen der großen Tiefe auf und taten sich die Fenster des Himmels auf und ein Regen kam auf Erden vierzig Tage und vierzig Nächte. An eben diesem Tage ging Noah mit seiner ganzen Familie und allen Tieren in die Arche. *Und der Herr schloss hinter ihm zu.*
Und die Wasser [...] wuchsen sehr auf Erden, und die Arche fuhr auf den Wassern. Und die Wasser nahmen überhand und wuchsen sehr auf Erden, und alles Lebendige starb. *Allein Noah blieb übrig und was mit ihm in der Arche war.*

(aus 1. Mose 7)

Gottes Arche schließt sie ein

Der Himmel war strahlend blau. Die Sonne lachte. Und die Menschen lachten auch, als Noah auf trockenem Land sein großes Schiff baute. Noah hatte die Menschen in sein Schiff eingeladen, wo sie vor dem drohenden Gericht bewahrt werden könnten. Aber sie hatten nur gelacht und die Köpfe geschüttelt.

Dann begann es zu regnen. Noah und seine Familie und all die vielen Tiere gingen in den großen Kasten. Und Gott schloss hinter ihnen zu.

Die Menschen standen dabei und lachten: „Der arme Noah, nun sitzt er in dem dunklen Schiff, eingesperrt wie in einem Gefängnis. Eng wird es darin sein und unangenehm nach den vielen Tieren riechen. Der arme Noah, er kann die Sonne nicht mehr sehen, die Menschen nicht mehr hören, sein Haus nicht mehr betreten, sich an den Blumen und Feldern nicht mehr freuen, die Wege nicht mehr gehen, die Feste nicht mehr feiern. Der arme Noah, jetzt hat er keinen Teil mehr am Leben, ist ausgeschlossen von allem Schönen, der Freude und der Freiheit."

Der Regen wurde stärker und breitete sich aus. Er hörte gar nicht wieder auf. Die Wasser wurden zur Flut, sie bedrohte das Leben und riss alle Menschen dahin. Das Lachen formte sich zum Schrei der Angst und der Spott wich der Verzweiflung.

Noah aber schaukelte in seinem Kasten dem Leben entgegen. Noah und seine Familie waren gar nicht ausgeschlossen vom Leben, sondern sorgsam eingeschlossen in die Bewahrung.

Wenn Gott unser Leben fest in die Hand nehmen will, dann nicht, um es zu zerdrücken und klein zu machen, sondern um es sorgsam zu umgeben mit Liebe und Fürsorge. Wenn Gott hinter uns abschließt, dann ist das nicht der Ausschluss vom Leben, sondern der Einschluss in die Bewahrung. Gott möchte unser Leben nicht mindern und verkürzen, Wege versperren und Lebensmöglichkeiten blockieren, sondern Leben eröffnen und retten. Wenn Gott hinter uns abschließt, geht die Tür zum Leben auf. Gott schließt immer ein zur Bewahrung, zur Entfaltung, zum Überleben.
Wenn Gott uns einlädt in seine Gemeinde, wenn er uns bittet, mutig alles zu verlassen und den verbindlichen Schritt des Glaubens zu wagen, wenn er dann Türen und Möglichkeiten hinter uns verschließt, dann ist das immer der Weg in das Überleben. Wir haben eine Arche, die uns bewahrt. Das ist die Gemeinde. In sie möchte Gott uns sorgsam einschließen, damit wir am Leben bleiben. Der verbindliche Schritt in eine Gemeinde und das mutige Zurücklassen der eigenen Möglichkeiten sind der Weg in die Bewahrung. Denn die Gemeinde Jesu ist der Ort des Lebens.

Bunte Gesellschaft an Bord

War das eine Vielfalt in der Arche. Der alte Noah und seine Frau, die jungen Söhne und deren Frauen. Und dann die vielen verschiedenen Tiere. Ein wunderbares Bild für die Gemeinde.

Da ist der Windhund, der allen voran ist, und die Schnecke, die immer hinterherhinkt. Das gibt es in einer Gemeinde: Menschen, die schnell und vorneweg sind, und andere, die immer hinterherhinken. Aber sie gehören beide dazu und Gott hat sie lieb.

Da ist der Löwe mit seinem mächtigen Haupt und seinen starken Pranken, der König der Tiere, der majestätisch auftritt, und die kleine Maus, die nur piept und um die Ecke huscht. Starke Menschen mit Führungsqualitäten und schwache Menschen, die nur scheu ihr „Piep" sagen, gehören in einer Gemeinde zusammen. Und was sie rettet, sind nicht ihre Gaben, sondern das In-der-Arche-Sein.

Da ist die Nachtigall, die so schön singt, dass alle begeistert sind, und der Spatz, der nur so herbe pfeift. Jeder wirkt in der Gemeinde auf seine Weise und Gott freut sich an der Vielfältigkeit der Stimmen und Gaben.

Da ist der Bär mit seiner massigen Gestalt. Furcht flößt er seinen Gegnern ein und nichts scheint durch seinen Pelz zu dringen. Aber es gibt auch das zarte Reh, das so leicht verletzt und verwundet ist, zerbrechlich und empfindlich. Bei Gott wohnen Menschen mit einem dicken Fell und mit dünner Haut in einem Schiff. Wie robust und unempfindlich sind die einen, wie verletzbar und schnell gekränkt die anderen. Aber Gott hält sie alle gleich sorgsam in seiner Hand.

Da ist die Eule, deren Weisheit man rühmt, und das Schaf, das man für dumm hält. Auch in der

Gemeinde leben Menschen mit Weisheit und Erkenntnis. Und andere hält man fälschlicherweise für dumm, nur weil sie still und schweigsam sind. Aber Gott sieht das Herz an und freut sich über alle, die in seiner Arche leben.
Da ist der Pfau mit der wunderbaren Farbenpracht seines Federkleides, die allen ins Auge fällt, aber auch die Ratte, vor der man sich ekelt. Viele Menschen können in der Gemeinde ihre Gaben entfalten und zur Geltung bringen, dass es eine Pracht ist. Und manch ein anderer hat schon gedacht, dass er nur eine Ratte ist, die niemand mag. Aber Gott mag sie und lässt sie in seiner Arche überleben.
Was uns Menschen rettet, sind nicht unsere Vorzüge oder Qualitäten, was uns zugrunde richtet, nicht unsere Schwächen und Fehler, sondern allein die Tatsache, dass wir in Gottes Gemeinde eingeschlossen sind oder außerhalb des Bergungsortes leben.
Die Gemeinde Jesu ist eine bunte Gesellschaft und wir wollen uns über jeden freuen, der dazugehört. Jeder ist geliebt, gerettet und angenommen, wenn er hereinkommt, selbst schräge Vögel, Ochs und Esel, Kamel und Kuh, Maus und Ratte. Gott hat sie alle lieb und schließt sie in seine Bewahrung ein.

Herausgefordert zur Bewährung

Noah, seine Familie und die Tiere sitzen geborgen in der Arche. Sie sind gut aufgehoben in dem großen Kasten. Sie bleiben bewahrt in allem Gericht, weil Gott sie sorgsam eingeschlossen hat. Dann verläuft sich das Wasser und die Arche setzt auf. Menschen und Tiere werden nun von Gott aufgefordert: „Geht aus der Arche heraus!“ Gott hat eine große Aufgabe für sie, sie sollen sich regen, wachsen und mehren.

„Hinein in die Arche!“ war die Bewahrung. „Heraus aus der Arche!“ wird die Bewährung sein. Hinein in die Gemeinde, um geborgen zu sein. Heraus in die Welt, um gebraucht zu werden. Gott hat ein großes Programm mit den Geretteten: das Leben vermehren! Die tiefste Sehnsucht des Menschen und der letzte Wille Gottes fallen hier zusammen: mehr Leben!

Gott fordert uns heraus zu einer großen Aufgabe: in seinem Namen das Leben auf Erden zu vermehren. Hier ist nicht nur die Fortpflanzung, nicht nur Saat und Ernte auf den Feldern, nicht nur Fortschritt in Kultur und Wissenschaft, sondern auch das Wachstum neuen Lebens in der Gemeinde umschrieben.

Gemeinde Jesu geh heraus aus dem Kasten der eigenen Bewahrung! Gott hat eine große Aufgabe, die uns herausfordert zur Bewährung in der Welt. Mehr Leben heißt missionarisch leben, so leben, dass Glaube und Liebe aufblühen, Hoffnung und Zuversicht wachsen, Erkenntnisse und Gaben sich ausbreiten.

Wachstum in der Gemeinde und neues Leben in Menschen ereignen sich, wo wir uns in Treue den Weisungen Gottes stellen und in seinem Namen das Unsere tun: mit dem Herzen an Jesus glauben, mit

dem Munde Jesus bekennen, mit den Händen seine Liebe weitergeben und mit den Füßen seine Wege zu den Menschen gehen.
Wir haben eine schöne Arche, die uns bewahrt. Wir haben eine große Aufgabe, die uns herausfordert. In dieser Spannung ereignet sich christliche Gemeinde.

„Nur mit dem Haufen da!"

Einst fragte eine Grundschullehrerin zu Beginn der Religionsstunde ihre Klasse: „Wer von euch möchte einmal in den Himmel kommen?" Alle Kinder der zweiten Klasse streckten den Arm in die Höhe. Nur Charlie nicht. Da wandte sich die Lehrerin erstaunt an ihn: „Na Charlie, was ist mit dir, möchtest du nicht?" Der Junge antwortete: „Natürlich will ich in den Himmel kommen, aber doch nicht mit dem Haufen da!"
Es gibt kein Christsein ohne Gemeinde. So wenig ein Blatt ohne den Baum und seine Wurzel leben kann, so wenig kann ein Mensch im Glauben ohne die Verwurzelung in der Gemeinde Jesu leben.
Manchmal gleicht die örtliche Gemeinde tatsächlich einem kümmerlichen Haufen. Und doch ist dort unser Platz, unsere Aufgabe und unsere Bewahrung. Denn Jesus ist nur in der Gemeinde. Der Weg zu Gott führt über Jesus und seinen Leib, die Gemeinde. Die kleine, menschliche Gemeinde hat eine große, göttliche Verheißung: *Fürchte dich nicht, du kleine Herde! Denn es hat eurem Vater*

wohlgefallen, euch das Reich zu geben. (Lukas 12,32)

In der Bibel zeigt Gott seinen Plan: eine Gemeinde aus allen Völkern und Zeiten. Gott geht es um sein großes Reich, dass es Gestalt gewinnt, aufgebaut, durchgebracht und vollendet wird. Und uns darf es nicht nur um unsere persönliche Seligkeit gehen. Wir verkürzen das weite Evangelium, wenn wir es auf die Frage nach unserem persönlichen Heil begrenzen. Wir verengen Gottes unendliche Liebe, wenn wir ihn für uns allein haben wollen. Wir verraten Gottes großen Plan, wenn es uns nur um unsere Frömmigkeit geht.

Jesu kostbarstes Eigentum ist seine Gemeinde. Er liebt sie wie seine Braut, er hütet sie wie seinen Schatz, er pflegt sie wie sein Ein und Alles. Und wir wollen von der Selbstliebe zur Gemeindeliebe hinwachsen. Es geht auch um uns, aber über uns hinaus. Jeder Einzelne ist Gott wichtig, aber sein Ziel ist die Gemeinde aus vielen einzelnen Menschen.

„Nur mit dem Haufen da" gibt es einen Weg in das Leben und in die Ewigkeit. So wollen wir einander lieben, wie Gott uns geliebt hat.

Leben über sich hinaus

„Ich bin ich", sagt ein deutscher Student. „Ich steige aus der Gesellschaft aus. Ich will mich finden, verwirklichen und nur mich selbst leben und entfalten." – „Ich bin nichts", sagt ein indischer Student. „Der einzelne Mensch geht wie ein Tropfen

im großen Meer der Menschheit auf. Der Sinn meines Lebens ist die Auflösung im größeren Ganzen."
Zwischen verkrampfter Selbstverwirklichung und restloser Auflösung des Einzelnen gibt es einen befreienden Weg. Jeder einzelne Mensch ist ein einmaliges Ebenbild Gottes und findet sich selbst in der Beziehung zu Gott und dessen Gemeinde und gelangt dabei doch weit über sich hinaus. Es geht weder um Behauptung noch um Auflösung des eigenen Ichs, sondern um eine Erlösung zum Ich-Du-Verhältnis: „Ich bin dein!"
„Ich bin nicht nur ich, sondern ein einmaliges Organ an einem Leib." – Nur am Leib kann sich ein kleiner Finger verwirklichen und entfalten. Er ist nur Finger, indem er auch Leib ist, vom Leib gespeist wird und für den Leib sinnvoll ist.
„Ich bin nicht nur ich, sondern ein kostbarer Stein in einem großen Haus." – Nur im Haus bleibt der einzelne Stein bewahrt und findet seine Bedeutung, gelangt aber weit über sich hinaus zu einem größeren Ganzen.
„Ich bin nicht nur ich, sondern ein wertvolles Instrument in einem großen Orchester." – Die ganze Schönheit, Wirkung und Bedeutung eines Lebens ergibt sich im Zusammenspiel mit all den anderen Gaben und Stimmen.
„Ich bin nicht nur ich, sondern eine originale Seite in einem dicken Buch." – Jede einzelne Seite ist, sorgsam eingebunden und festgehalten, für das Ganze wichtig und ohne sie fehlt dem Buch ein bedeutsamer Teil.

Gott geht es um die Lebenserfüllung eines jeden einzelnen Menschen. Aber sie ereignet sich gerade in den Zusammenhängen mit Gott, seiner Geschichte und seiner Gemeinde.

Kein Raum für Rache

Die Brüder Josefs aber fürchteten sich, als ihr Vater gestorben war, und sprachen: Josef könnte uns gram sein und uns alle Bosheit vergelten, die wir an ihm getan haben. Darum ließen sie ihm sagen: Dein Vater befahl vor seinem Tode und sprach: So sollt ihr zu Josef sagen: Vergib doch deinen Brüdern die Missetat und ihre Sünde, dass sie so übel an dir getan haben. Nun vergib doch diese Missetat uns, den Dienern des Gottes deines Vaters! Aber Josef weinte, als sie solches zu ihm sagten. Und seine Brüder gingen hin und fielen vor ihm nieder und sprachen: Siehe, wir sind deine Knechte. Josef aber sprach zu ihnen: Fürchtet euch nicht! Stehe ich denn an Gottes statt? Ihr gedachtet es böse mit mir zu machen, aber Gott gedachte es gut zu machen, um zu tun, was jetzt am Tage ist, nämlich am Leben zu erhalten ein großes Volk. So fürchtet euch nun nicht; ich will euch und eure Kinder versorgen. Und er tröstete sie und redete freundlich mit ihnen.

(1. Mose 50,15-21)

„Wenn wir uns mal streiten“, erzählt ein Mann seinem Freund, „wird meine Frau immer gleich historisch.“ – „Du meinst hysterisch“, wirft der Freund ein. “Nein, historisch“, sagt der Ehemann, „sie hält mir jeden Fehler, jede Lieblosigkeit, jedes falsche Wort aus zehn Jahren Ehe vor.“

Wo Menschen miteinander leben, in Ehe, Familie, Nachbarschaft und Gemeinde, werden sie auch aneinander schuldig. Gerade in der Liebe werden Menschen verletzlich und verletzt. Es gibt keine Ehe, keine Erziehung, keine Familie ohne Kränkung und Verletzung. Das war damals bei Josef und seiner großen Familie so, und das ist heute bei uns und unseren kleinen Familien so. Wenn die Netze der Liebe, die uns auffangen, reißen, entsteht Raum für Netze aus Neid und Missgunst, die uns einfangen. Wenn die Maßstäbe Gottes, die unser Miteinander ordnen, verloren gehen, finden wir uns hinter Gitterstäben von Schuld und Angst wieder.

Die Brüder des Josef sind wie gelähmt und eingesperrt in der Furcht vor den Folgen ihrer Bosheiten. Sie fürchten, da der Vater gestorben ist, die Rache und Vergeltung des Josef. Aber Josef wird nicht „historisch" und rechnet ihnen die Schuld nicht vor und trägt ihnen die Bosheit nicht nach. Josef lässt keinen Raum für Rache und Vergeltung. Dabei wird die Schuld der Brüder nicht verdrängt oder verschwiegen. Nein, sie wird benannt und bekannt. Josef sieht über das Böse, das er empfing, nicht hinweg. Aber er sieht über den Untaten der Brüder die Guttaten Gottes. Josef kann Gottes gute Absichten über den bösen Absichten seiner Brüder erkennen. Darum vergibt er die Schuld und versöhnt sich. Er gibt gleichsam die Bewältigung der Schuld an Gott. Josef weiß, wer sich an die Stelle Gottes setzt, sich rächt und vergilt, zerstört sich selbst, den anderen und die Beziehung. Wenn er hingegen die Verletzung und Kränkung, die er empfing, an Gott weitergibt, entsteht ein Raum der Heilung. Gott kann die Brüder vom Bösen heilen, Josef vom Gift der Rache befreien und die Beziehung wieder herstellen.

Das Wort Rache – treiben, jagen, verfolgen – findet sich wieder im Wort Wrack, das für einen herumtreibenden Gegenstand steht. Wie Wracks sind also verletzte und verletzende Menschen. Heruntergekommen und umgetrieben von Schuld und Angst die einen, von Hass und Rache die anderen. Aber Gott möchte keine Wracks, sondern geheilte Menschen und versöhnte Familien. In seinem Plan gibt es keinen Raum für unsere Rache, aber weiten Raum für seine Vergebung. Wie gehen wir also um mit den Verletzungen im Miteinander? Wir bekennen sie einander und wir vergeben sie einander. Da ist kein Raum für Rache, aber viel Raum für Heilung.

Einer trage des anderen Last

David aber blieb in der Wüste auf den Bergfesten; und zwar blieb er im Gebirge in der Wüste Sif. Und Saul suchte ihn die ganze Zeit; aber Gott gab ihn nicht in seine Hände. Und als David sah, dass Saul ausgezogen war, um ihm nach dem Leben zu trachten, blieb er in der Wüste Sif in Horescha. Da machte sich Jonatan, Sauls Sohn, auf und ging hin zu David nach Horescha und stärkte sein Vertrauen auf Gott und sprach zu ihm: Fürchte dich nicht! Sauls, meines Vaters, Hand wird dich nicht erreichen und du wirst einmal König werden über Israel, und ich werde der Zweite nach dir sein; auch mein Vater weiß das sehr wohl. Und sie schlossen beide einen Bund miteinander vor dem Herrn. David blieb in Horescha, aber Jonatan zog wieder heim.

(1. Samuel 23,14-18)

David heißt Geliebter. Es steht für den Menschen überhaupt. Jeder Mensch heißt, von Gott her gesehen, Geliebter. Jeder Mensch, der auf der Erde wohnt, trägt eigentlich nur einen Namen: Geliebter. Jeder darf das für sich persönlich in Anspruch nehmen: von Gott geliebt.

Der Weg, den Gott mit David geht, ist ein Modell dafür, wie Gott mit Menschen umgehen möchte. Er macht ihn in seiner Liebe von einem kleinen Hirtenjungen zu einem großen König. Das hat Gott eigentlich immer vor, wenn er Menschen liebt. Er möchte sie von kleinen, winzigen, unbedeutenden Menschenkindern zu Königen machen, zu Königen seiner Liebe, zu Königskindern seines Reiches. Das ist unsere Berufung.

Unser Name ist Geliebter. Und unsere Berufung: Wir sollen Königskinder sein. Gott will nicht, dass seine Menschenkinder verkommen und verkümmern. Er will, dass aus jedem seiner Menschenkinder ein Königskind wird. Gott wird uns in der Ewigkeit nicht danach fragen, wie groß, wie wichtig, wie reich, wie bedeutend wir gewesen sind. Er wird nie danach fragen, was wir geleistet, geschafft und aufgebaut haben, sondern er wird fragen: „Wolltet ihr meine Geliebten sein, meine Königskinder?“ – Gott hat einen Plan mit unserem Leben. Wenn wir das wissen, wenn wir darauf antworten mit der Hingabe unseres Lebens, dann sind wir Königskinder. Das Geliebtsein und Von-Gott-Geführtsein bewahrt aber nicht vor schweren, notvollen und schmerzlichen Abschnitten im Leben. Wir sehen an David, dass die Liebe Gottes ihn nicht vor Zeiten der Anfechtung und Verfolgung bewahrt.

David blieb in der Wüste. Er war designierter König und lebte in einer Höhle in der Wüste, irgendwo im Gebirge, einsam, verfolgt, bedroht, gejagt, gehetzt. Wüste heißt: Hunger und Durst, Einsamkeit und Dämonen. Wüste ist Ausgesetztsein, Versucht- und Angefochtensein. Wie oft ist das im menschlichen Leben so, dass wir geborgen sind und dann kommen andere Zeiten. Man findet sich in der Wüste der Einsamkeit, in der Wüste der Anfechtung, in der Wüste der Verfolgung, in der Wüste einer Not. Aber auch dort gilt die Zusage Gottes: Du bist geliebt!

Später wird es sich bei Jesus wiederholen. Als Jesus im Jordan getauft wurde, tat sich der Himmel auf und Gott sagte: *Dies ist mein lieber Sohn, an dem ich Wohlgefallen habe. (Matthäus 3,17)* „Du bist mein geliebter Sohn, mit dir habe ich einen Plan, du wirst von einem kleinen Kind in der Krippe in Bethlehem zum König der Welt werden." Und dann kam die Wüste. Gott führte seinen Sohn in die Wüste. Jesus hungerte und dürstete. Und es kamen die Anfechtungen und Versuchungen. Der Teufel trat auf und versuchte mit allen Mitteln, Jesus von seinem Gehorsamsweg abzubringen.
Die Einmaligkeit, die wir in der Liebe Gottes haben, ist immer auch ein Stück Einsamkeit. Jeder von uns ist in den Augen Gottes einmalig. Mit jedem von uns hat Gott einen Weg, einen Plan. Aber das macht auch unsere Einsamkeit aus.

Ich sehe David in der Wüste. Er ist vom Zentrum an den Rand gedrängt, und er wird verfolgt und angefochten und muss die Einsamkeit, die Anfechtung des Lebens durchstehen. Und doch bleibt er. *David aber blieb in der Wüste.* Er begehrte nicht auf, haute nicht ab, machte keine Revolution, sondern er blieb. Er wusste, diese Zeiten muss man durchleiden und dann werden sie zum Leben. Das Warten und Darunterbleiben wird im Neuen Testament mit „Geduld“ übersetzt: Geduld heißt Dableiben.

Auch der Ortsname ist interessant für uns. Er blieb auf den Bergfesten in der Wüste Sif. Sif heißt übersetzt Schmelzplatz. Was ist das für David für eine Läuterung gewesen! Was ist da alles herausgeschmolzen. Wir sehen Saul in seiner Wut und Rachsucht: Er will seinen Schwiegersohn töten, weil er Angst vor ihm hat. *Aber Gott gab ihn nicht in seine Hände.* Die Bergfeste ist so etwas wie eine liebevolle Hand, die sich um den Verfolgten, Einsamen, Angefochtenen legt. Aber die Hand ist immer auch ein Stück Schmelzplatz. Da wird man nicht nur geborgen, sondern auch geschmolzen. Die Zubereitungs- und Schmelzplätze, die Gott in unser Leben hineinordnet, sind immer beides, Bewahrung und Bewährung. Sie möchten uns auf der einen Seite schützen vor dem letzten Zugriff des Bösen. Auf der anderen Seite bereiten sie uns zu, formen uns im Sinne der Gerechtigkeit. Und Gott gab ihn nicht in Sauls Hand, sondern Gott nahm ihn in seine Hand. Das heißt dann auch Bewährung, Schmelzung.

Die Wüstenzeiten sind besondere Zeiten des Segens. Mose war in der Wüste und dann kam die Verheißung. Jeremia war in der Wüste und dann kam sein großer Auftrag. Johannes war in der Wüste und dann trat er vor das Volk. Jesus war in der Wüste und dann begann er seine Wirksamkeit. Die Wüstenzeiten sind Zeiten, in denen Gott viel schmilzt und läutert, aber er gibt seine Menschen nicht aus der Hand. Sie sind seine Geliebten. Ein sichtbarer Ausdruck der Hand Gottes ist Jonatan. Auch sein Name hat eine wunderbare Bedeutung. Er heißt „von Gott gegeben". Der eine heißt „Geliebter" und der andere heißt „von Gott gegeben". Jeder darf von sich sagen: „Ich bin geliebt." Und jeder darf für den anderen sagen: „Er ist von Gott gegeben." So wollen wir unsere Beziehungen ordnen, dass jeder Einzelne sich von Gott geliebt und jeden anderen von Gott gegeben weiß.

Jonatan wohnt im Palast, er hat als Königssohn alle Annehmlichkeiten, er hat es schön, sicher und geschützt. Er verlässt das alles, macht sich auf und sucht seinen Freund, der in der Wüste angefochten und versucht, verfolgt und bedroht, einsam und ausgesetzt lebt. Auch das wird sich später in Jesus wiederholen. Auch er wird die Sicherheit und Geborgenheit seines Vaterhauses verlassen. Und er wird die Menschen in der Wüste des Lebens suchen. Er möchte die Menschen wiederfinden und ihr Vertrauen zu Gott stärken. Jonatan verlässt alles, bringt sich selber und sein Leben in Gefahr, um seinen Freund in der Wüste zu suchen. Das weist auf Gottes Plan und seine Rettungswege, die er in Jesus zu den Menschen gehen wird.
Jonatan wird zum Sprachrohr Gottes: *Fürchte dich nicht! Sauls, meines Vaters, Hand wird dich nicht erreichen und du wirst König werden.* Jona-

tan erinnert seinen Freund an die Verheißungen: „Es wird sich alles erfüllen, nicht ein Wort von dem, was Gott dir verheißen hat, wird hinfallen. Es wird alles vollendet, du brauchst keine Angst zu haben." Diesen Dienst, dass einer des anderen Christus wird, einer des anderen Last trägt, diesen Freundschaftsdienst brauchen wir mehr als alles andere in unserem Leben. Natürlich brauchen wir Nahrung, Kleidung, ein Dach über dem Kopf, wir brauchen viele Dinge, und immer brauchen wir auch Geld. Aber was wir wirklich brauchen, sind Freunde, die im Namen Gottes kommen und uns daran erinnern, dass sich die Verheißungen erfüllen.

Die großen Worte, die man über Christen sagt, dass sie geborgen und zuversichtlich sind, dass sie Hoffnung haben und Perspektiven sehen, gelten nur in dieser Beziehung der Liebe. Kein Mensch kann das alleine erfüllen.

Wir wollen von den beiden und ihrer Freundschaft lernen und uns fragen: Für wen kann ich ein Jonatan werden? Und wenn ich in der Wüste wohne: Wer ist für mich Jonatan, der kommt und mir das Vertrauen stärkt?

Und sie schlossen beide einen Bund miteinander vor dem Herrn. Äußerlich sind sie verschieden. Es heißt am Schluss: *David blieb in Horescha, aber Jonatan zog wieder heim.* Einen Bund schließen, heißt nicht, sich gleichmachen. Sondern in aller Verschiedenartigkeit – Jonatan im Palast, fröhlich, sicher, geborgen, gesund; David in der Wüste,

angefochten, verfolgt, bedroht, ausgesetzt und ausgeschlossen – eins werden in der Liebe.
Und sie schließen einen Bund. Das ist das Geheimnis von Freundschaft und Liebe. Das ist das Geheimnis der Gemeinde, dass Menschen, die verschieden sind, sich in der Liebe Gottes eins machen, nicht gleichmachen. Normalerweise müsste David sagen: „Du hast gut lachen, du wohnst am Königshof, und ich?“ Es könnten Hass, Verachtung und Neid wachsen. Aber sie schließen einen Bund miteinander. Sie machen sich innerlich eins. – Könnte das der Schlüssel sein für unsere Beziehungen, dass auch wir, Mann und Frau, Kinder und Eltern, anstatt uns zu verachten oder zu neiden, einen Bund vor Gott miteinander schließen? Jeder ist anders: die Jungen, die Alten, die Kranken, die Gesunden, Männer und Frauen, Eltern, Kinder Freunde, Nachbarn – jeder ist verschieden. Und sie schließen einen Bund miteinander.
David blieb und Jonatan ging. Es gibt Neid und Verachtung und Hass und Misstrauen, wenn man verschieden ist. Aber Gott hat sich gedacht, dass die Menschen einer Gemeinde, so unterschiedlich sie auch äußerlich sind, eins werden in der Liebe und sich dadurch gegenseitig stärken.

Jonatan stärkte Davids Vertrauen zu Gott. Wäre das nicht eine wunderbare Sache: Ich bin geliebt. Jeder andere, der mir begegnet, ist von Gott gegeben. Ich empfange etwas, gebe etwas, wir schließen einen Bund, statt dass wir uns bekämpfen, beneiden und verachten. So hat sich Gott das gedacht.

Die Namen gingen ihm voraus

Denn uns ist ein Kind geboren, ein Sohn ist uns gegeben, und die Herrschaft ruht auf seiner Schulter; und er heißt Wunder-Rat, Gott-Held, Ewig-Vater, Friede-Fürst. *(Jesaja 9,5)*

Ein kleines, schwaches Kind wird geboren, aber es hat große, starke Namen.
Es heißt
Wunderbarer Rat,
Gottes Held,
Ewiger Vater,
Fürst des Friedens.

Wie vier Diamanten leuchten die Namen im Weihnachtslicht auf. Es sind Namen, die Gott gehören, und die doch uns meinen. Bis in die Namen hinein hat Jesus nichts für sich selbst. Er hat alles für die Welt.

Wunderbarer Rat

Als Maria und Josef in Bethlehem umherirrten, waren sie ratlos. Die Herbergen waren überfüllt. Auf den Marktplätzen drängelten sich die Menschen. Eine Sorge erfüllte das Paar aus Nazareth: „Wo wird unser Kind geboren, wo kann es zur Welt kommen?“ – Gott wusste einen Rat und führte sie durch freundliche Menschen in einen Stall. Dort wies man ihnen eine Ecke bei den Tieren zu, bei denen es warm war, und zeigte ihnen eine Krippe, in die sie das Kind legen konnten.

Die Weisen kamen aus dem fernen Orient, und sie hatten eine Frage: *Wo ist der neugeborene König der Juden? (Matthäus 2,2)* Sie waren ratlos und wussten nicht, wohin sie gehen sollten, um ihn anzubeten. Gott wusste einen Rat. In seinem Wort stand es schon Jahrhunderte geschrieben: *Und du, Bethlehem im jüdischen Lande, bist keineswegs die kleinste unter den Städten in Juda; denn aus dir wird kommen der Fürst, der mein Volk Israel weiden soll. (Matthäus 2,6)* Und so machten sie sich auf den Weg und fanden, was sie suchten, beteten an, taten ihre Schätze auf und kehrten reich beschenkt nach Hause zurück.

Der König Herodes hatte einen grausamen Plan. Er wollte, aus Angst vor dem neugeborenen König, alle Kinder unter zwei Jahren in Bethlehem ermorden lassen. Gott wusste einen Rat. Im Traum sandte er Josef und seine Familie nach Ägypten. Sie flohen bei Nacht und blieben wohlbehalten.

Ratlos schauen wir auf die Verlorenheit dieser Welt, die Verstrickung in Schuld, das Leiden unter Not und Elend. Gott wusste einen Rat, wie er die Welt wieder gerecht, wie er die Menschen wieder heil machen, wie er seine Geschöpfe wieder mit sich versöhnen könnte. Er wusste einen Rat, ließ seinen

Sohn Mensch werden, am Kreuz an unserer Stelle sterben und jene Gerechtigkeit erfüllen, die wir nicht bringen können. Unsere Welt ist ratlos. Wissenschaftler bemühen sich, Politiker unternehmen viel, und doch herrscht auf allen Gebieten des Lebens Ratlosigkeit: in den Bereichen der Erziehung, der beruflichen Arbeit, der Familie. Oder denken wir an die Häuser der Schmerzen, in denen Kranke liegen und keinen Rat mehr wissen. Wir leben in einer ratlosen Welt und was wir oft an Ratschlägen haben, hilft nicht. Gott hat für uns alle einen wunderbaren Rat: Suchet Jesus und sein Licht! Suchet dieses Kind, diesen Herrn, von dem die Bibel sagt: *Dieser ist wahrlich der Heiland der Welt (Johannes 4,42b)* und für jeden, der Menschenantlitz trägt, geboren. Lassen wir ihn wirken in unserem Leben. Lassen wir ihn führen, wenn es um die Entscheidungen geht, lassen wir ihn sorgen, wenn es um das kommende Jahr geht. Lassen wir ihn vollenden, wenn es um das ganze Leben geht. Gott hat einen wunderbaren Rat für uns. Er möchte unser Mühen in Ruhe verwandeln, unsere Sorge in Fürsorge, und unser Am-Ende-Sein in seine Vollendung hineinnehmen. In diesem Kind hat Gott einen wunderbaren Rat für uns.

Gottes Held

Herodes heißt auf Deutsch Heldenspross. Dieser Heldenspross ist nur ein Zeichen dafür, wie in unserer Welt Macht und Heldentum ausgeübt werden. Jener grausame Kindermord von Bethlehem, in dessen Überlieferung man noch heute die Schreie der Mütter hinter den Zeilen zu hören meint, ist nur ein Beispiel der Machtausübung in unserer Welt. Das Meer von Blut und Tränen, das durch die Jahrhunderte geflossen ist, hat eine Quelle: Wenn Menschen Macht ausüben, werden andere geopfert, gezwungen und geknechtet. Gottes Heldentum ist anders. Gottes Held steigt herab. Gottes Held ist ein Held im Tragen, im Opfern, im Vergeben, im Lieben. Wir Menschen können zwar zum Mond fliegen, weit hinauf, aber wir können noch nicht einmal unter Rassen und Völkern Frieden halten. Wir können vielleicht eines Tages den Mars erreichen und noch ganz andere Dinge bewältigen, aber wir können noch nicht einmal dafür sorgen, dass auf dieser Erde alle Menschen satt werden. Die Fluten des Bösen sind einfach übermächtig, und wer will ihnen wehren? Gott lässt einen Helden in der Gestalt eines Kindes kommen, Gott lässt seinen Sohn die Sache übernehmen und stellt gegen die Fluten des Bösen die Macht der Liebe, die sich nicht wehrt, die nicht zurückschlägt, sondern die nur bittet und leidet und trägt an unserer Stelle. Gegen all die Übermacht des Todes wird hier ein Held des Lebens geboren und in seiner Auferstehung erst ist sein Heldentum vollendet. Gegen das Vergötzen und Vergöttern aller menschlichen Arbeit und Leistung, gegen all das Große, was Menschen machen, stellt Gott seine Arbeit. *Aber mir hast du Arbeit gemacht mit deinen Sünden. (Jesaja 43,24)* Diese Arbeit ist vollbracht. Weil Jesus den Weg der Liebe ging, einen Weg, den die Bibel mit einem Opferlamm vergleicht, wurde er Gottes Held. Indem sich das Lamm opferte und sich der Macht dieser Welt auslieferte, indem es leidend diesen Weg ging, wurde das Heldentum vollbracht. Diese Welt ist nicht durch eine heldenhafte Aktion, sondern durch eine heldenhafte Passion erlöst. Und unser Beitrag zur Erlösung und Veränderung dieser Welt sind nicht Aktionen, sondern Opfer, Passionen. Darum singen wir im Weihnachtslied „Fröhlich soll mein Herze springen“ mit den Worten Paul Gerhardts: „Gottes Held, der die Welt reißt aus allem Jammer.“

Ewiger Vater

Maria und Josef waren unterwegs. Sie kamen in einem Stall notdürftig unter und mussten dann nach Ägypten fliehen.
Die Hirten auf dem Felde hatten nur Zelte, keine Häuser. Sie wohnten draußen und waren Tag und Nacht im Dienst. Sie waren unbehauste Menschen. Die Weisen kamen von weit her, aus dem Orient. Sie alle sind ein Bild dafür, dass der Mensch unterwegs und in dieser Welt nirgendwo zu Hause ist.
Wir sind alle unbehaust und haben deshalb tief in uns eine doppelte Sehnsucht. Einmal die Sehnsucht, einen Vater zu haben, irgendwo zu Hause und geborgen zu sein. Und dann die Sehnsucht, einmal Kind sein zu dürfen, unbekümmert leben zu können, uns vertrauensvoll verlieren und hingeben zu

können. Wir haben tief in uns die Sehnsucht, geliebt und angenommen zu sein. Vielleicht sehen wir besonders in den Weihnachtstagen, wie Kinder sich verlieren können, im Spiel, im Staunen über die Lichter und die Geschenke. Diese Sehnsucht steckt in uns allen, dass wir uns irgendwo verlieren können. Aber nicht nur für eine Zeit und nicht nur bis zu einem schmerzlichen Ende, sondern für alle Ewigkeit. Jesus sagt: *Wer mich sieht, der sieht den Vater. (Johannes 14,9)* So wollen wir mitten in dieser Welt, in der wir unbehaust sind, den ewigen Vater schauen, und wie Maria und Josef, wie die Hirten und die Weisen, indem wir ihn anbeten, nach Hause kommen. Wo Menschen das Geheimnis entdecken, dass sie, indem sie Kind werden, groß werden, indem sie „Abba, lieber Vater" rufen, die Größe ihres menschlichen Lebens erreichen, da kommen Menschen zur Ruhe. Darum singen wir im Weihnachtslied „Jauchzet ihr Himmel, frohlocket ihr Engel in Chören" die wegweisenden Worte: „Hier ist die Pforte des Lebens nun offen zu sehen. Gehet hinein, eins mit dem Kinde zu sein, die ihr zum Vater wollt gehen." Einswerden mit dem Kinde, damit wir den Vater wieder sehen, das ist das Geheimnis der Anbetung in der Weihnachtsnacht.

Fürst des Friedens

Der Fürst des Friedens ist dieses Kind. Alle anderen Kinder, die noch geboren wurden, sind Kinder des Zornes, sind Kinder des Streites, und alle,

Revolutionäre oder Diktatoren, Utopisten oder Idealisten oder Moralisten, alle haben die ganze Zerrissenheit des menschlichen Lebens gespürt. Wir Menschen haben keinen Frieden in uns. Und es gibt keinen Menschen, der ehrlich ist und nicht weiß, wie zerrissen wir in dieser Welt leben, wie wir Großes wollen und nur wenig schaffen, wie wir in unseren Idealen weit über die Menschen hinausgehen und in unserem Verhalten oft weit unter die Tiere hinabsinken, wie es in uns reißt und kämpft, wie wir den Hang zum Guten und den Hang zum Bösen, wie wir all das Große, Ideale und all das Kleine, Niedrige in uns tragen. Es gibt keinen, der ehrlich ist, der nicht die ganze Zerrissenheit dieser Welt in seinem Herzen auskämpfen und erleiden müsste. Und all denen sagt Jesus: *Meinen Frieden gebe ich euch. Nicht gebe ich euch, wie die Welt gibt. (Johannes 14,27)* Die Welt gibt Kompromisse, sie gibt Gewalt oder Lüge, sie gibt das Gleichgewicht der Waffen, sie gibt den faulen Frieden, aber keinen Frieden, der im Opfer begründet ist. Denn dieser Frieden ist kein Wort, keine leere Versprechung, keine Formel. Vom Frieden geredet haben andere auch, aber er ist der Erste, der Frieden gemacht hat, indem er sich selber an unserer Stelle der Schuld, dem Leid und der Macht dieser Welt ausgesetzt hat, indem er opferte, was ihm gehörte. Er ist der Erste, der Frieden in Person ist. Daran wollen wir messen, was in dieser Welt an Friedensparolen ausgegeben wird. Friede kann uns nur als Person begegnen, als Mensch wie wir, der zu uns kommt und sagt: „Ich bin euer Friede."

Von Goethe wird berichtet, dass er eines Tages, als er die Bilanz seines Lebens zog, auf ein Blatt schrieb: „Ach, ich bin des Treibens müde, was soll all der Schmerz, die Lust, süßer Friede, süßer Friede, komm, ach komm, in meine Brust.“ Seine Tränen tropften auf das Papier. Dann ging er in den Wald und lief ruhelos hin und her. Eine Bekannte betrat das Zimmer, sah den Zettel und schrieb darunter: *Meinen Frieden gebe ich euch, euer Herz erschrecke nicht und fürchte sich nicht. (aus Johannes 14,27)* Das ist die Antwort auf die Sehnsucht in uns Menschen. Jeder, der unter der Zerrissenheit seines Herzens, seiner Familie, unseres Volkes und dieser ganzen Welt leidet, sollte den Fürst des Friedens willkommen heißen, sollte ihm sein Leben geben und seinen Frieden empfangen. Der Lobgesang der Weihnacht lautet: *Ehre sei Gott in der Höhe und Friede auf Erden bei den Menschen seines Wohlgefallens. (Lukas 2,14)* Wer Gott die Ehre geben möchte für all das, was er uns gab, möchte seinen Frieden nehmen. Gott die Ehre geben und seinen Frieden, den er in seinem Sohn gebracht hat, nehmen, ist eins. Niemand gibt Gott die Ehre, der seinen Frieden nicht nimmt. Und niemand nimmt seinen Frieden, es sei denn, er gibt Gott die Ehre.

Die Namen gingen ihm voraus, große, starke Namen für ein kleines Kind. Mit Jesus hat Gott einen wunderbaren Rat für uns, der uns zum Leben führt, eine Macht der Liebe, die uns durch alles hindurchträgt, eine Heimat beim Vater für alle Ewigkeit und einen Frieden im Leben und im Sterben.

Königlich gelassen

Du, Tochter Zion, freue dich sehr, und du, Tochter Jerusalem, jauchze! Siehe, dein König kommt zu dir, ein Gerechter und ein Helfer, arm und reitet auf einem Esel, auf einem Füllen der Eselin.

(Sacharja 9,9)

Man nennt den Löwen den König der Tiere. Einen solchen König der Tiere sah ich in einem Schaufenster auf einem Riesenplakat abgebildet, einen majestätisch daliegenden Löwen. Und darüber stand in großen Buchstaben als Werbung für eine Bekleidungsfirma: „Königlich gelassen in Kleidung von ...“ – und dann die Firma.
Es ist unbestreitbar, dass gut sitzende Kleidung etwas Selbstvertrauen gibt. Aber nur deswegen, weil wir einen Mantel von X oder ein Kleid von Y angezogen haben, kommt noch nicht die königliche Gelassenheit in unser Leben. Ein Mann, der vor einer schweren Prüfung steht, kann einen guten Anzug anhaben, das allein macht ihn noch nicht gelassen. Eine Frau, die im Wartezimmer auf den Befund und das Gespräch mit dem Arzt wartet, macht das beste Kleid nicht gelassen.
Die Botschaft des Advent heißt: *Siehe, dein König kommt zu dir, ein Gerechter und ein Helfer!* – Gott selbst, der König der Welt, macht sich auf zu den Menschen. Er möchte unser kleines, bedrohtes Leben einhüllen in seine Barmherzigkeit. Gott

möchte uns mit dem Mantel der Liebe umgeben. Wer darüber froh und geborgen wird, kann sagen: königlich gelassen in Kleidung von Gott.

Diese königliche Gelassenheit, das sehen wir an Jesus Christus, ist keine Überheblichkeit, keine Lässigkeit. Wir denken an die Umstände, unter denen Jesus zur Welt kam, arm, am Rande der Gesellschaft, in einem Stall. Nicht äußerlich war seine Macht, nicht auf Schwert und Waffen gegründet. Seine Macht, sein Königreich, seine Würde waren darin begründet, dass er die Kraft hatte, sich zu opfern. Als er in die Stadt Jerusalem einzog, auf einem Esel, dem Sinnbild der Niedrigkeit, der Ohnmacht, der Armut, da war es eine andere Macht, ein anderes Königtum, als es diese Welt gewohnt ist. Als man ihn im Garten Gethsemane gefangen nahm und er sich königlich gelassen binden ließ, als er vor Pilatus stand und die Masse des Pöbels ihn verklagte und Pilatus fragte: *Bist du der König der Juden? (Markus 15,2)*, sagte Jesus gefesselt, gebunden, äußerlich ohnmächtig und der Macht der Römer und der religiösen Führer ausgeliefert: *Du sagst es.* Und als er dann am Kreuz hing und seine Hände angenagelt waren und man ihn mit der Krone aus Dornen geschändet und verlacht hatte, zeigte sich seine königliche Gelassenheit darin, dass er beten konnte: *Vater, vergib ihnen, denn sie wissen nicht, was sie tun. (Lukas 23,34)* Das war seine wirkliche Macht, die Liebe. Das war seine wirkliche Königswürde, dass er die ganze Not und Schande der Welt ausgehalten hat. So ist die königlichliche Gelassenheit unseres Herrn nicht lässige Überheblichkeit, sondern Hingabe und Opfer bis zum Letzten.

Jeder, der das weiß, dass Gott selbst über unserem Leben wacht und es festhält in seinen Händen, jeder, der sich einhüllen lässt in die Liebe und das königliche Opfer Jesu, der kann sich loslassen. Wo wir ganz tief festgehalten sind, umgeben von göttlicher Barmherzigkeit, da können wir königlich gelassen sein. Der Prophet Jesaja sagt: *Ich freue mich im Herrn und meine Seele ist fröhlich in meinem Gott; denn er hat mir die Kleider des Heils angezogen und mich mit dem Mantel der Gerechtigkeit gekleidet. (Jesaja 61,10)*
Wir denken an den Trubel der Adventszeit. Alle Jahre wieder beginnt die große Materialschlacht. Wie von einem Wirbelwind werden die Menschen umgetrieben. Kaufen, Besorgen, Backen, Putzen, Rennen und Hasten. Königlich gelassen sein in einer solchen Zeit der Hektik heißt, den Mut haben, sich auf das Wichtige zu konzentrieren: einmal alles stehen und liegen lassen, sich eine Kerze anzünden, ein Adventslied singen, im Kreis der Familie zusammenkommen, einhalten und sagen: Der König kommt. Königlich gelassen sein wäre, sich auf die Mitte zu besinnen: den König.

Wir denken an die Widrigkeiten des Lebens. Menschen werden von schweren Erschütterungen getroffen. Harte Nöte brechen herein. Viele sind geschlagen, ohnmächtig und unruhig. Angstvoll sehen Menschen die Kräfte ihres Lebens schwinden. Sorgenvoll und traurig ertragen manche ihre Last, halten Ausschau nach Trost und Rat, Geborgenheit und Hilfe. Jesus erniedrigte sich und kam in all diese Not. Seine königliche Liebe sucht immer die tiefste Stelle, die offene Wunde und den bitteren Schmerz. Er wurde ein Helfer, indem er litt, ein König, indem er trug und alle Last mit den Menschen teilte. Sich auf diesen König und seine Barmherzigkeit verlassen, mit seiner Hilfe rechnen, ist königliche Gelassenheit.

Wir denken an die Wirren der Welt, an die Stürme, die über unsere Erde hinwegtoben. Wir leben in einer Zeit der Erschütterungen, Krisen und Bedrohungen. Maßstäbe, die gestern noch gültig und verlässlich waren, sind abhanden gekommen. Menschen geraten in einen Wirbel von Entfremdung und Unsicherheit. Aussichten, die eben noch Freude weckten, sind durch düstere Prognosen zunichte gemacht. Der Sturm der Angst und das Wehen der Hoffnungslosigkeit treibt die Menschen um. Der schöne blaue Planet, seine Zukunft und seine Bewohner sind auf das Äußerste bedroht.
Die Bibel sagt: *Siehe, es hat überwunden der Löwe aus dem Stamm Juda ... (Offenbarung 5,5)* Weil der Löwe aus Juda, das ist Jesus, alle Widrigkeiten erlitten und überwunden hat, gibt es königliche Gelassenheit. Jesus selbst mit seinem Opfer am Kreuz, mit seinem Sieg in der Auferstehung, ist der Garant für Erde, Mensch und Geschichte. Keine Weltnot setzt seiner Liebe eine Grenze. Der Herr kommt

mit uns, der Welt und der Geschichte zum Ziel und zur Vollendung. Er bleibt König und wir sind in seiner Nachfolge königlich gelassen. Und das ist keine Lässigkeit, sondern sich auf seinen Sieg verlassende Hingabe und Wachsamkeit.

Wir denken an die menschlichen Schwächen und Fehler, an all das Versagen. Viele Menschen leiden unter der Last und den schmerzlichen Folgen ihrer verkehrten Entscheidungen. Wenn man ein Wort der Liebe noch sagen, ein Wort der Verachtung noch zurücknehmen könnte! Wenn man eine falsche Wahl rückgängig machen, eine eigenwillige Entscheidung wiederholen könnte! Schuld belastet das Leben, zerstört die menschlichen Beziehungen und verklagt uns vor Gott. Wenn uns Jesus die Last der Fehler abnimmt, die Vergangenheit ordnen und bewältigen hilft, uns in seine Gerechtigkeit einkleidet, wächst königliche Gelassenheit. Man lernt, sich zu seinen Fehlern zu bekennen, sie weder zu bagatellisieren noch unter ihnen zu zerbrechen, sondern im Empfang der Vergebung neu zu beginnen. Wo Jesus in seiner königlichen Liebe uns mit unseren Verkehrtheiten annimmt und uns richtig einstellt, da kommt die königliche Gelassenheit.

Oder wir denken an die letzte Not des menschlichen Lebens, dass wir einmal sterben und im Gericht vor Gott stehen müssen. Die Adventsbotschaft heißt: Der König kommt zur Rettung, aber auch zum Gericht. Die ganze Botschaft des Advents hat nicht nur den lieblichen Klang des

Trostes, sondern auch den heiligen, ernsten des Gerichtes. Dort werden wir am einsamsten sein, wenn wir vor Gott stehen und er uns nach unserem Leben fragt. Menschen, die sich darauf verlassen, dass Jesus auch dort noch zu uns steht und für uns eintritt, dass dieser König sich zum Fürsprecher unseres Lebens macht, sich vor uns stellt und an unserer Stelle antwortet, solche Menschen sind königlich gelassen, selbst noch im Blick auf das letzte Gericht.

Adventszeit ist eine Gelegenheit, sich auf den König zu besinnen. Wir wollen unser Leben aufschließen und ihn hereinbitten. Und indem wir den König empfangen, uns auf sein Wort, seine Hilfe und seine Macht verlassen, werden wir königlich gelassen.

„O wohl dem Land, o wohl der Stadt,
so diesen König bei sich hat,
wohl allen Herzen insgemein,
da dieser König ziehet ein.
Er ist die rechte Freudensonn,
bringt mit sich lauter Freud und Wonn.
Gelobet sei mein Gott,
mein Tröster früh und spat.“

(Georg Weissel)

Das Leben braucht einen Grund

Wer diese meine Rede hört und tut sie, der gleicht einem klugen Mann, der sein Haus auf den Fels baute. Als nun ein Platzregen fiel und die Wasser kamen und die Winde wehten und stießen an das Haus, fiel es doch nicht ein; denn es war auf Fels gegründet.
Und wer diese meine Rede hört und tut sie nicht, der gleicht einem törichten Mann, der sein Haus auf Sand baute. Als nun ein Platzregen fiel und die Wasser kamen und die Winde wehten und stießen an das Haus, da fiel es ein und sein Fall war groß.
(Matthäus 7,24-27)

Eines der schönsten Bauwerke Venedigs ist der berühmte Campanile, der Glockenturm auf dem Markusplatz. Man hatte Sorge, dass der alte Turm einstürzen könnte. Fachleute prüften das Mauerwerk und kamen zu dem Ergebnis, dass der Turm fest gefügt, solide gebaut und verlässlich haltbar war. Umso überraschter war man, als der Turm eines Tages zusammenstürzte und seine Trümmer den Markusplatz übersäten. Neue Untersuchungen ergaben, dass das Mauerwerk sicher, aber das Fundament nicht tragfähig war. So konnte das Bauwerk nicht bestehen.

Beim Bau eines Gebäudes gilt ein Gesetz: So wichtig wie der Bau nach oben, so wichtig ist das Funda-

ment nach unten. Niemand baut ein wunderbares, großes Haus in den Sand. Die Räume, die wir hochziehen, müssen solide gegründet sein. Wenn das für einen Hausbau gilt, für einen Turm oder eine Brücke wichtig ist, wie viel mehr für die Räume des Lebens. Es wäre töricht, ein großes Leben aufbauen zu wollen, ohne einen tragfähigen Grund zu legen. An die schönen Räume des Lebens zu denken, sich Erlebnisse und Freuden auszumalen, ohne die Frage nach einem soliden Fundament zu lösen, wäre sinnlos, haltlos und zukunftslos. Die meisten Menschen wollen ein außerordentliches Leben, aber sie schaffen noch nicht einmal ein ordentliches, weil sie kein haltbares Fundament haben.
Jesus bietet uns für unser Leben einen guten Grund: sein lebendiges Wort. Jesu Worte haben Hand und Fuß, Herz und Leben. Sie sind mit seiner Liebe gefüllt und von der Wahrheit gedeckt. Bevor wir uns etwas vom Leben versprechen, wollen wir seine Versprechen für uns zum Fundament machen. Bevor wir einander das Leben versprechen, wollen wir aus der Liebe Jesu und seiner Lebensmacht die Kraft beziehen. Wenn dann die Stürme des Lebens kommen und mit ihrer unerbittlichen Gewalt an unserem Lebenshaus rütteln, wird es festbleiben. Wenn dann die Wasser der Not hochsteigen und die Wellen der Angst und Sorge uns überrollen wollen, haben wir einen festen Halt. Wer sein Leben in den Sand von Illusionen, Ideologien und Philosophien setzt, wird in den Erschütterungen und Widrigkeiten des Lebens untergehen.
Aber warum soll gerade Jesus das Fundament für

unser Leben, sollen seine Worte der Grund unter uns und seine Liebe die Beständigkeit für uns sein? Gibt es nicht auch andere Werte, auf die man sich verlassen kann? Weltanschauungen und Lebensweisheiten, Religionen und Ideen, Wissenschaft und Kultur? Warum soll Jesus das einzige haltbare Fundament sein?
Jesus ist der Einzige, der tief und fest genug ist für ein Fundament unter uns. Ein Grund, der trägt, muss unter allem sein. Nur Jesus ging tiefer als alle Not, alles Leid, alle abgründige Verlorenheit und tiefe Verworrenheit. Jesus ging tiefer als unsere tiefsten Ängste und Sorgen. Jesus ging tiefer als alle Schicksale und Schuld. Jesus ging bis in die tiefste Gottverlassenheit, bis in den Tod, das ewige Gericht und hat all das ausgehalten und überwunden. Seine Liebe ist tiefer als alles. Und seine Macht ist fester als alles. Ein Fundament, das sich mit uns oder gar vor uns auflöst und zerbricht, kann nicht taugen. Jesus hat alle anderen Mächte, die unser Lebenshaus bedrohen, überwunden, das Böse und den Teufel, den Tod und die Verlorenheit, das Leid und das Schicksal, die Schuld und alle Verfallenheit. Weil Jesu Liebe tief genug und seine Macht groß genug ist, bietet er uns seine lebendigen Worte als Basis zum Überleben an.

Wenn wir unser Leben einmal mit einem großen Haus vergleichen, können wir durch verschiedene Räume unseres Lebens gehen und sehen, wie jeder einzelne Raum auf Jesus gegründet sein muss, um bestehen zu können.

Machen wir einen kleinen Rundgang und betreten ein Zimmer, das man den Raum der Begegnung mit anderen nennen kann. Was ist das für ein wunderschöner Raum von Liebe und Freundschaft, Ehe und Familie, Nachbarschaft und Gemeinschaft, Gemeinde und Gesellschaft. An den Wänden hängen Kinderbilder, Hochzeitsbilder. Sie zeigen Umarmungen und Küsse, Lachen und Freude, Geborgenheit und Vertrauen. Was ist das für ein Glück, dass wir nicht allein sind, dass Menschen ihre Freude und ihr Leid teilen, sich ihr Glück erzählen und ihre Tränen mischen können. Wenn Menschen sich helfen und ergänzen, bereichern und beschenken, begleiten und bewahren, tut sich ein Stück Himmel auf.

Aber wir wissen auch, wie viel in diesem Raum gelitten und gequält, verletzt und gekränkt, zerbrochen und verdorben wird. Das Miteinander kann Himmel und Hölle, Lust und Last, Wonne und Qual, Heilung und Verletzung, Geborgenheit und Einsamkeit sein. Nirgendwo wohnen Sehnsucht und Enttäuschung, Traum und bitteres Erwachen so nah beieinander. Nirgendwo wird so viel geweint und gequält, gelitten und gekränkt wie in diesem Raum des Lebens.

Wir brauchen für diesen wichtigen Raum ein gutes Fundament. Für die Begegnung miteinander brauchen wir die Begegnung mit Jesus als den Grund darunter und den Halt darin. Nur wer in der guten Hand Jesu ist, kann dann auch eine gute Hand für andere haben. Nur wer von Jesus angenommen ist, kann sich selbst und andere wirklich lieben und annehmen. Nur wer für seine Schuld Vergebung empfängt, kann sie dann auch den anderen gewähren. Wie sollen Menschen sich begegnen in Liebe und Barmherzigkeit, wenn sie diese nicht in Jesus empfangen? Wie wollen wir uns trösten und bergen, wenn wir selber keinen Trost und Halt finden. Wie wollen wir einander Gefährten sein, wenn wir keinen Grund unter den Füßen haben?

Paul Claudel hat in einem seiner Romane gesagt: „Der Mensch ist ein Versprechen, das nie ganz gehalten werden kann!“ Darum zerbrechen so viele Beziehungen, verkümmern so viele Ehen und entstehen so viele Konflikte untereinander, weil wir unser Miteinander überfordern und überfrachten und dann an der Enttäuschung zerbrechen. Jeder Mann, der die letzte Erfüllung seiner Lebenssehnsucht bei einer Frau sucht, jede Frau, die die tiefste Stillung ihrer Erwartung von einem Mann erwartet, wird die Beziehung damit überfordern und zugleich zerbrechen. Wenn aber jeder Einzelne die allerletzte Erfüllung seines Lebens in der Liebe Jesu und seiner Hingabe an uns erfährt, werden wir frei, uns das zu geben, was Menschen sich bedeuten können. Wenn Eltern ihre Kinder nicht als die Befriedigung ihres Lebens ansehen und Kinder ihre Eltern nicht als die letzten Garanten ihres eigenen Lebens missverstehen, können sie ein wunderbares befreites Miteinander leben. Menschen können sich viel geben, nur nicht die tiefste und letzte Erfüllung einer Lebenssehnsucht. Wenn wir das trotzdem voneinander erwarten, fordern oder gar einklagen, werden wir die Netze des Lebens überspannen und

einreißen. Wenn wir aber die letzte Stillung unserer Lebenserwartung in der Beziehung zu Jesus finden, werden wir – frei vom Druck, etwas Unmögliches zu geben – das Mögliche leben können.
Jesus möchte mit seiner großen Liebe unsere menschliche Liebe nicht entwerten, sondern sie heilen und reifen lassen auf dem Grund seiner Treue. Jesus ist das einzige Versprechen, das wirklich ganz gehalten wird. Die Beziehung zu ihm ist das haltbare Fundament für unsere mitmenschlichen Begegnungen.

Wir betreten ein zweiten Raum im Lebenshaus, den Raum der Arbeit. Welch ein Vorrecht, Arbeit zu haben! Wie gut tut es dem Menschen, wenn er sich betätigen und bestätigen kann, wenn er etwas schafft und aufbaut, leistet und gewinnt. Aber unsere Lebensarbeit braucht einen Grund, damit sie nicht verkommt. Entweder zu einem Götzen, einer Droge und Sucht, zu einem Betäubungsmittel, das über manche Leere und Frage hinweghilft. Oder zu einem Fluch, den man abschütteln möchte. Wer Arbeit vergötzt und mit Leben verwechselt oder die Arbeit verteufelt und sie wie eine Last abschütteln möchte, wird daran zerbrechen und scheitern. Wir müssen unsere Arbeit auf ein gutes Fundament stellen. Alle Arbeit, die wir Menschen tun, muss letztlich auf die Arbeit, die Jesus für uns tut, gegründet sein. Jesu Werk für uns ist im Letzten die Bestätigung und Erfüllung unseres Lebens. Aus der Arbeit Jesu für uns können wir dann, ohne uns zu verkrampfen, die Arbeit das sein lassen, was sie nach Gottes Willen ist: eine Gabe, die zum Leben gehört und ihre Zeit hat. Und wenn sie ihre Zeit gehabt hat und wir nicht mehr arbeiten können, dann ist seine Arbeit für uns immer noch da und die letzte Erfüllung unseres Lebens. Was einen Menschen prägt, ist nicht, was er tut, sondern was Gott für ihn getan hat. Die Konsequenz daraus ist, dass wir, von Leistungsdruck befreit, das tun, was Gott uns aufgetragen hat.

Wir Menschen haben Gott Arbeit gemacht mit unseren Sünden. Als Jesus für unsere Sünden stirbt und ausruft: *Es ist vollbracht! (Johannes 19,30)*, da ist letztlich unsere Lebensleistung vollbracht. Jetzt brauchen wir nicht mehr einer Forderung genügen, sondern können sein Werk für uns genügen lassen. Wir brauchen die Arbeit nicht verfluchen, wir können sie dankbar empfangen. Wir brauchen die Arbeit nicht vergötzen, denn letztlich leben wir von Jesu Arbeit für uns.

Dann kann man auch mit Menschen, die nicht mehr oder noch nicht arbeiten können, ganz anders umgehen, mit Kindern und Alten, Behinderten und Kranken. Auch sie leben von der Arbeit Gottes für uns. Ein Mensch ist nicht weniger wichtig, weil er nicht mehr arbeiten kann. Ihm gilt die gleiche Wertschätzung Gottes. Wenn unsere Arbeit auf dem Fundament der Arbeit Jesu für uns steht, dann sind wir einem tödlichen Krampf und Kampf entkommen.

Einen dritten Raum nennen wir Freizeit. Das ist ein wunderbarer Raum der Erholung und Entspan-

nung, der Ruhe und Muße. Was machen wir daraus? Oft genug wird daraus ein Raum besonderer Anstrengung und Anspannung. Wir reisen und rasen, timen und trimmen, kuren und küren, rennen und hasten, jagen und eilen und kommen tief erschöpft in den Raum der Arbeit zurück.
Freizeit muss etwas mit Freiheit zu tun haben. Freie Zeit kann eigentlich nur jemand wirklich erleben, der innerlich frei ist. Frei von Zwängen, etwas erleben zu müssen, frei von der Angst, etwas verpassen zu können. Wenn wir gejagt, gehetzt, gebunden sind, getrieben von Habsucht, Geltungssucht, Vergnügungssucht, wie wollen wir dann Freizeit erleben? Wir brauchen für den schönen Raum des Feierabends, des Feiertages, des Urlaubs und für den Feierabend eines Lebens innere Freiheit aus der Beziehung zu Jesus, aus der Geborgenheit bei ihm. Wenn Jesus unsere Freiheit ist, dann leben wir auch wirklich in Freiheit und Freizeit. Wir sind frei von der Angst, etwas zu versäumen. Wir sind frei von der Gier, immer mehr zu haben, immer weiter zu gelangen, immer schneller zu fahren, immer höher hinauszukommen. Wenn man in Jesus alles hat, ist man frei für die schönen Dinge des Lebens: einen Spaziergang, ein Gespräch, Erzählen und Spielen, Lesen und Träumen. Wenn wir in der Beziehung zu Jesus frei geworden sind, dann können wir auch unsere Freizeit richtig gestalten.

Dann gibt es noch zwei kleine, enge und dunkle Räume des Lebens. Ich möchte sie den Raum der

Leiden und den Raum des Sterbens nennen. Der Raum der Leiden kann ein Krankenzimmer, ein Rollstuhl, eine Enttäuschung oder Verbitterung sein. Wie viele Lebenshäuser zerbrechen in dem kleinen Raum der Leiden. Wenn dieser Raum nicht gegründet ist auf das Leiden Jesu für uns, dann bricht da alles zusammen. Das Kreuz, das wir zu tragen haben, müssen wir vom Kreuz her, das Jesus für uns getragen hat, verstehen, unsere Einsamkeit von der Einsamkeit Jesu her, unser Gericht von seinem Gericht.
Eine Geschichte erzählt von Christopherus, der das Jesuskind tragen will. Schließlich wird es ihm zu schwer, und dann trägt Christus ihn. Viele Menschen wollten ihr Kreuz tragen, tapfer und ehrlich, und haben dann gemerkt, dass sein Kreuz uns tragen muss. Das ist das Fundament, das wir brauchen. Wie wollen wir für unser Kreuz Kraft haben, wenn wir sie nicht aus seinem Kreuz für uns empfangen?

Der letzte Raum ist der Raum des Sterbens. Sicher das dunkelste, einsamste und schwerste Zimmer, das es zu durchleben gilt. Dieser Raum, in dem es eng und bang, dunkel und voller Zweifel ist, braucht ein sicheres Fundament, sonst bricht da alles zusammen. Unser Sterben muss gegründet sein auf Jesu Sterben. Wenn unser Sterben auf sein Sterben gegründet ist, wird es zum Leben, sein Sterben zum Leben für uns. Unser Sterben braucht einen Grund, ein Fundament, damit es den Zugang in ein neues Leben findet.

Wir brauchen für das Haus des Lebens, für die Räume der Begegnung, der Arbeit, der Freizeit, des Leidens und des Sterbens, ein Fundament. Dieses Fundament ist Jesus in seiner Liebe, mit seinem Wort des Lebens. Es trägt und hält auch in den Krisen und Grenzen, Nöten und Gefährdungen des Lebens. Jesus sagt: „Seid doch nicht dumme Leute, die einfach weiterleben, ohne nach dem sicheren Fundament zu fragen. Seid kluge Leute, legt ein sicheres Fundament!“ Das Fundament ist da, Jesu Liebe, seine Arbeit für uns, seine ganze Freiheit, sein Leiden, Sterben und Auferstehen bleiben bis in alle Ewigkeit bestehen. Sie trotzen allen Stürmen des Lebens, allen Wassern der Not, allen Erdbeben des Zweifels.

„Wir bauen, wir bauen mit fliegenden Händen,
wir habens begonnen, wir wollens vollenden,
und fügen geschäftig Stein an Stein,
wir bauen unseren Namen mit ein.

Wir bauen ohne Maß, wir bauen ohne Mitte,
wir bauen ohne Dank, wir bauen ohne Bitte,
wir bauen ohne Grund und bauen ohne Zittern,
wir bauen bei grollenden Weltgewittern.

Wir bauen, wir bauen, die Stunden verrinnen,
ein andrer wird enden, was wir heut beginnen,
weh, bauen wir seinen Namen nicht ein,
es bleibet kein Stein auf dem anderen Stein.“

(Ruth Spitta)

Mehr Leben

Kommt her zu mir, alle, die ihr mühselig und beladen seid; ich will euch erquicken. Nehmt auf euch mein Joch und lernt von mir; denn ich bin sanftmütig und von Herzen demütig; so werdet ihr Ruhe finden für eure Seelen. Denn mein Joch ist sanft und meine Last ist leicht.

(Matthäus 11,28-30)

Ein Kind wird geboren. Es schreit, schreit nach Leben. Alle jungen Eltern wissen, wie unangenehm das Geschrei kleiner Kinder sein kann. Aber es dient dem Leben. Hinter dem Schreien der Kinder wohnt das Verlangen nach Nahrung und Liebe, nach Wärme und Zuwendung. Alle Menschen haben diese Sehnsucht nach Leben, Liebe und Anerkennung.
Es gibt zwei Möglichkeiten, den Schrei nach Leben zu bewältigen: das Stillmachen und das Stillen, die Totenstille und die Lebensruhe.

Ich war ein dreiviertel Jahr alt, lag in meinem Stubenwagen im Wohnzimmer und schrie laut. Mutter war in der Küche mit dem Essenmachen beschäftigt und konnte nicht herbeikommen. Meinem etwas älteren Bruder wurde das laute Schreien lästig. So redete er, am Körbchen stehend, auf mich ein: „Baby leise sein!“ Als seine Appelle nichts nützten, nahm er ein großes Sofakissen und drückte es mit beiden Händen fest auf mein Gesicht. Noch ein kurzes Wimmern, dann war es still. Das Baby war leise. Im Zimmer war Ruhe, Totenstille. – Gerade in diesem Augenblick kam meine Mutter herein, riss das Kissen weg, nahm mich auf den Arm und drückte mich an sich, sodass die Atmung wieder einsetzte. Ich schrie und lebte. Dann stillte mich meine Mutter und ich wurde ruhig.

Menschen haben Hunger nach Leben, Durst nach Liebe, sind wund an Leib und Seele, einsam und hilflos, haben Angst und Sorge. Sie rufen und bitten, weinen und schreien. Wie oft werden diese Sehnsüchte nicht gestillt, sondern stillgemacht, nicht erfüllt, sondern mit sanfter Gewalt zum Schweigen gebracht. Jesus möchte unser Lebensverlangen wirklich stillen. Unter seiner Fürsorge und Liebe kommen wir wirklich zur Ruhe.

Haben wir unsere Sehnsucht nach Geborgenheit mit Hektik und Gier, Haben und Hasten erstickt oder in der Hand Jesu wirklich gestillt? Sind unsere Lebensängste mit viel Reden und Schaffen verdrängt oder in dem Vertrauen zu Jesus wirklich aufgehoben? Haben wir unsere Enttäuschungen in Bitternis ertränkt oder im Geist Jesu verarbeitet? Ist die Stimme unseres Gewissens nur abgetötet oder unter der Vergebung Jesu ganz zur Ruhe gekommen? Breitet sich Totenstille aus oder erfüllt uns die Lebensruhe?

Jesus lädt uns zu sich ein: *Kommt her zu mir, alle, die ihr mühselig und beladen seid; ich will euch erquicken. So werdet ihr Ruhe finden für eure Seelen.*

Jesus ist wie eine gute Mutter. Er lässt den Schrei nach Leben gelten und will uns mit seiner Liebe wirklich stillen und mit seiner Kraft zur Ruhe führen. – Ist unser Leben nur still gemacht, breitet sich Totenstille aus. Ist unser Leben bei Jesus gestillt, wächst eine tiefe Geborgenheit des Lebens.

Diese Ruhe ist dann aber kein seliger Schlaf, kein süßes Entschlummern, sondern die Befähigung zu einem starken Leben. Nur ein gestilltes Leben kann auch ein gestärktes Leben sein. Nur aus dem Bei-Jesus-Sein kann dann das Für-Jesus-Handeln wachsen. Unsere Mutter hat uns ja nicht gestillt, dass wir klein und zufrieden bleiben, sondern dass wir aufwachsen und groß werden. In der Hand Jesu werden wir nicht nur geborgen, sondern auch gebraucht, nicht nur bewahrt, sondern auch bewährt, nicht nur geschützt, sondern auch geschickt. Das ist die Berufung unseres Lebens: unter der Liebe und Fürsorge Jesu aufzuwachsen, stark zu werden und Frucht zu bringen.

Unsere Sehnsucht nach Leben soll wirklich gestillt werden, damit wir dann unser Leben auch einsetzen und hingeben können. Nachfolge Jesu ist nicht Lustbefriedigung auf die fromme Tour, nicht Selbstbestätigung im religiösen Bereich, sondern das Einbezogensein in ein großes Werk und einen übergreifenden Plan. Vollständige Hingabe und Opfer des Lebens sind hier gefragt. Jesus schenkt uns seine ganze Liebe und fordert uns zugleich heraus zu einer ganzen Hingabe unseres Lebens.

Die Geschichte von der traurigen Blume Wanka erinnert uns an diese Berufung:
„Zur nächtlichen Stunde unterhalten sich die Blumen hinter dem Fensterchen der Großmutter. Bis der Morgen kommt, haben sich die Blumen immer viel zu erzählen. Schnell vergehen die Stunden. Eine aber ist still und in sich gekehrt und macht ein trauriges Gesicht. Noch nie hat sie jemand blühen sehen, noch nie hat jemand sie reden hören. Schweigend nur schaut sie durch die Fensterscheiben in die dunklen Augen der Nacht und weint. Dann aber, eines Nachts, als es wieder still geworden ist im kleinen Haus, wendet die traurige Blume sich an die Begonie neben sich und fragt: „Weißt du eigentlich, wer ich bin?“ – „Natürlich, du bist die traurige Wanka.“ – „So nennt mich Großmutter wegen meiner Tränen. Aber niemand von euch weiß, warum ich weine, und niemand kennt meinen richtigen Namen. Ich heiße Flämmchen.“ – „Ein seltsamer Name“, meint die Begonie. „Flämmchen?! Aber du brennst doch nie und blühst auch nicht.“ – „Das ist ja mein Unglück, dass mich Großmutter nicht blühen lässt. Denn wenn ich ausgeblüht habe, muss ich sterben. Schneidet aber jemand meine Blütenknospen ab, dass sie sich nicht öffnen können zur Blüte, dann kann ich lange leben. Darum wacht Großmutter darüber, dass sich meine Blütenknospen nicht öffnen, und schneidet sie ab. Aber diesmal hat sie eine übersehen, ich habe

sie versteckt, und morgen, da wird sie blühen." – „Nein, du darfst nicht blühen", sagt die Begonie ängstlich. „In deiner Blüte lauert der Tod." – „Ich konnte einfach nicht anders. Was ist das für ein Leben, wenn man nicht blühen darf? Aber morgen werde ich blühen, und ihr sollt verstehen, warum man mich Flämmchen nennt." – Am Morgen, als die Sonne aufgeht, hat die traurige Wanka eine Blüte."

Was ist das für ein Leben, wenn ich nur da sein, aber nicht blühen darf? Ein bedrückendes Bild: auf der Fensterbank des Lebens stehen, irgendeine Funktion wahrnehmen, vielleicht sogar geschätzt sein, aber fortwährend daran gehindert werden, aufzublühen und richtig zu leben. Gott will nicht, dass wir eine traurige Wanka sind und das Leben nur so dahinplätschert. Wir sollen aufblühen und Frucht bringen. Unser Name ist Flamme. Jesus möchte uns mit seiner Liebe anzünden und zu einer hellen Flamme seiner Hoffnung machen.

Eine ganze Welt macht sich auf, uns daran zu hindern, ganz für Jesus aufzublühen. „Nein, du darfst nicht blühen. In deiner Blüte lauert der Tod", sagen die Menschen um uns und die Zweifel in uns. Natürlich ist der Glaubensweg, der für Jesus aufblüht, auch ein Opferweg, eine ganze Hingabe des Lebens. Aber in der Blüte lauert nicht der Tod, sondern die Frucht. Wer sein Leben an Jesus verschenkt, wird nicht ärmer, kleiner, weniger, sondern mehr und reicher. Geben wir unser Leben unter dem Kreuz Jesu in den Tod, so wird es als erneuertes Leben auferstehen, hier im Glauben als Blüte und dort im Schauen als Frucht.

Könnte der Grund für die lähmende Traurigkeit in unseren Gemeinden darin liegen, dass wir die letzte Hingabe, das wirkliche Aufblühen für Gott immer verhindert haben? So leben viele Menschen als traurige Wanka, werden selbst niemals richtig froh, können andere nicht froh machen und verfehlen ihre letzte Berufung, für Jesus ganz aufzublühen. Lassen wir uns von der Liebe Jesu, von der Flamme des Lebens anzünden und darüber verbrennen und verblühen, so dass Licht und Wärme, Freude und Hoffnung weitergegeben werden.

Ein Leben, das sich nur ängstlich hüten und schonen will, das von anderen gehindert wird, sich ganz hinzugeben, wird ein trauriges Leben sein. Wir aber können eine Flamme für Gott sein. Geben wir uns Jesus ganz hin. Er wird uns durch eine wunderbare Blüte des Lebens zu einer herrlichen Frucht und Vollendung führen. Die Welt nennt das Tod, in Wahrheit ist es Leben. Die Welt nennt es Selbstaufgabe, in Wahrheit ist es die Erfüllung der höchsten Berufung. Mit seiner Liebe schenkt uns Jesus einen neuen Namen: Flamme. Wir sollen fröhliche Gotteskinder sein.

Welch eine Spannung ist das Christsein: gestillt mit Liebe, herausgefordert mit Macht, geborgen bei Jesus, gebraucht von Jesus, geschont und geschickt von einer starken Hand. So wird das Leben mehr, es vervielfältigt sich, es bleibt und überlebt auch durch den Tod hindurch bis in Ewigkeit.

Das hat noch gefehlt

Als Jesus sich auf den Weg machte, lief einer herbei, kniete vor ihm nieder und fragte ihn: Guter Meister, was soll ich tun, damit ich das ewige Leben ererbe? Aber Jesus sprach zu ihm: Was nennst du mich gut? Niemand ist gut als Gott allein. Du kennst die Gebote: „Du sollst nicht töten; du sollst nicht ehebrechen; du sollst nicht stehlen; du sollst nicht falsch Zeugnis reden; du sollst niemanden berauben; ehre Vater und Mutter.“ Er aber sprach zu ihm: Meister, das habe ich alles gehalten von meiner Jugend auf. Und Jesus sah ihn an und gewann ihn lieb und sprach zu ihm: Eines fehlt dir. Geh hin, verkaufe alles, was du hast, und gib's den Armen, so wirst du einen Schatz im Himmel haben, und komm und folge mir nach! Er aber wurde unmutig über das Wort und ging traurig davon; denn er hatte viele Güter.

(Markus 10,17-22)

Die Geschichte fängt so gut an. Ein Mensch hat viele Güter. Er ist reich und erfolgreich. Er hat sein ganzes Können eingesetzt und alle Gaben ausgeschöpft. Er hat viel geleistet und kann sich nun viel leisten. Er hat Einkommen und Auskommen, Wohlstand und Reichtum.

Und er hat noch mehr. Mit den äußeren Gütern sind die inneren Werte mitgewachsen. Er ist ein Mensch ohne Lug und Trug, ohne Falsch und Neid,

ohne List und Gewalt. Er hat nicht nur Wohlstand, sondern auch Anstand. Seine Ehe und Familie sind in bester Ordnung. Nachbarn und Freunde sind voller Achtung und Anerkennung. Gottes Gebote hat er mit ganzem Ernst und aller Kraft gehalten.
Und er hat noch mehr. Er hat die wichtigste und beste Frage nach dem bleibenden, ewigen, göttlichen Leben. Er hat so viel und doch den Mut einzugestehen, dass ihm das Beste noch fehlt. Er läuft auf die Straße und wirft sich auf die Erde. Der reiche und angesehene Mann macht sich zum Bettler: *Was soll ich tun, damit ich das ewige Leben ererbe?* Er hat den Mut und die Demut des Bittens und Fragens. Er hat sich die Sehnsucht nach der tiefsten Erfüllung und Vollendung des Lebens bei Gott erhalten. Er ist nicht satt und zufrieden, platt und überheblich. Nein, er ist noch auf der Suche und unterwegs zum wirklichen Leben, ein Mensch voller Aufbruch und Sehnsucht.
Und er hat noch mehr. Er hat für seine Suche und Frage die richtige Adresse. Er kommt zu Jesus und wendet sich an den Einen, der für Gott und Leben, Heil und Ewigkeit die beste Adresse ist.

Und er hat noch mehr. Ihm gehört die volle und wahre Liebe Jesu. Jesus sieht den aufrichtigen und niedergeknieten Menschen mit der ganzen Liebe seines Herzens an. Mit großer Freude nimmt Jesus wahr, was dieser Mensch hat: seine äußeren Güter und inneren Werte, seine Sehnsucht und Frage, sein Kommen und Bitten, sein Beugen und Erwarten. Und darum öffnet ihm Jesus liebevoll und behut-

sam, aber auch deutlich und unmissverständlich die Tür zum ganzen, gültigen, bleibenden, ewigen Leben: „Der letzte und beste Schatz fehlt dir noch. Mach deine Hände und den Kopf frei und komm und folge mir nach!“
Leben ist der Lebensanschluss an den lebendigen Jesus. Der eigentliche Reichtum, den Jesus dem Menschen zu gern geben würde, ist die innige Liebe zu Gott, zu den Armen, zu dem Lebendigen. Die Güte Gottes ist mehr als die Güter der Menschen.

Und dann endet die Geschichte so traurig. Der Mensch verliert den Mut. Er denkt an das Fehlende und nicht an das, was er dazubekommen soll. Jesus will ihn nicht ärmer machen, sondern nur noch reicher. Gott will uns seinen besten Schatz anvertrauen, seine ganze, ewige Liebe. Sie zu empfangen, brauchen wir freie Hände und Herzen.

Armut und Reichtum

Und Jesus setzte sich dem Gotteskasten gegenüber und sah zu, wie das Volk Geld einlegte in den Gotteskasten. Und viele Reiche legten viel ein. Und es kam eine arme Witwe und legte zwei Scherflein ein; das macht zusammen einen Pfennig. Und er rief seine Jünger zu sich und sprach zu ihnen: Wahrlich, ich sage euch: Diese arme Witwe hat mehr in den Gotteskasten gelegt als alle, die etwas eingelegt haben. Denn sie haben alle etwas von ihrem Überfluss eingelegt. Diese aber hat von ihrer Armut ihre ganze Habe eingelegt, alles, was sie zum Leben hatte.

(Markus 12,41-44)

Eigentlich unerhört, dass Jesus sich an den Tempel setzt, dem Gotteskasten gegenüber, und zuschaut, was Menschenhände einlegen. Eigentlich unverschämt. Doch an den Händen der Menschen kann man etwas erkennen. Man nennt die Hände ja auch Extremitäten, an den Extremen, an den äußersten Enden, kann man den Menschen erkennen. „Ex ungue leonem“, sagen die Lateiner – an der Klaue erkennt man den Löwen. An der Handschrift, sagen Wissenschaftler, kann man den Menschen erkennen. Selbst bis in den Aberglauben hinein ist man überzeugt, dass man aus der Hand etwas über den Menschen erkennen kann.
Daran, was die Hände tun, wie sie sich öffnen, wie

sie geben, wie sie einlegen, kann man den Menschen erkennen. Jesus geht es gar nicht um das Geld. Jesus wollte den Menschen erkennen. Offene Hände, verkrampfte Hände, gebende Hände, räuberische Hände – daran kann man den Menschen erkennen. Hände, die sich öffnen, Hände, die geben, gehören immer einem Menschen, dessen Leben offen ist.
Jesus schaut auf unsere Hände. Was wir mit unseren Händen tun, gibt Aufschluss darüber, was in uns wohnt. Wie sich Hände um Hab und Gut fest und krampfhaft schließen oder wie sie dankbar empfangen, sich bewegen und weitergeben. Das alles kann man an den Händen erkennen; an der Klaue den Löwen und an der Hand den Menschen.

Viele Reiche legten viel ein. Das finde ich erst einmal schön. Da kommen viele Reiche, die legen von ihrem Überfluss in den Gotteskasten. Sie geben einen Teil ihres vielleicht schwer und mühsam erworbenen Reichtums für Gottes Gemeinde, für die Aufgaben des Tempels. In dieser Geschichte geht es nicht um die Abwertung der Reichen, die von ihrem Überfluss geben. Lassen Sie uns also der Versuchung widerstehen, aus der Liebe zu den Armen den Hass auf die Reichen werden zu lassen. Jesus weiß ganz genau, dass die Gemeinde zu allen Zeiten von den vielen Gaben auch der Gutverdienenden gelebt hat.
Es gibt in der Geschichte wunderbare Beispiele dafür, wie Reiche mit ihrem Reichtum großen Segen stiften konnten. Einer von ihnen ist Rocke-

feller. Als junger Mann war er unheimlich ehrgeizig. Mit 33 Jahren hatte er durch ungeheure Anstrengung, durch Zähigkeit, durch eine unglaubliche Disziplin die erste Million Dollar verdient. Sklavisch gehorchte er einem übertriebenen und verkrampften Ehrgeiz, ein ganz Reicher zu werden. Mit 43 Jahren beherrschte er das größte Geschäftsunternehmen auf dieser Erde. Und mit 53 Jahren war er der reichste Mann auf diesem Planeten, der erste Dollar-Milliardär. Aber diesen Erfolg hatte er mit seiner Gesundheit bezahlt. Man nannte ihn eine lebende Mumie. Er verdiente jede Woche eine Million Dollar, aber konnte nur noch Milch und Zwieback essen. Der Arzt gab ihm nur noch wenige Wochen.

Dieser Mann hatte so viel Geld, aber er war einsam wie eine Auster und so verhasst, dass man auf den Ölfeldern Pennsylvanias sein Bild verbrannte. Er war der älteste, einsamste und der verhassteste Mensch. Zwieback und Milch, die er mit Widerwillen schluckte, konnten seinen ausgemergelten Körper und seine ruhelose Seele nicht mehr zusammenhalten. Die Zeitungen hatten seinen Nachruf schon gedruckt.

Dann kamen Nächte, in denen Rockefeller mit sich zu Rate ging. Er erkannte, dass die rast- und ruhelose Anhäufung von Reichtum ihn und seine Gesundheit beinahe zerstört hatte. So begann er, sein Geld zu verschenken. Er gründete die Rockefeller-Stiftungen. Seine Millionen und Milliarden wanderten in alle Notstandsgebiete der Erde. Die Entdeckung des Penicillin geht auf seine Geldmittel

zurück. Er unterstützte Universitäten, Krankenhäuser, Missionsgesellschaften, er gab Millionen und Milliarden in alle Welt und überall konnte mit diesem Geld Großes bewirkt werden. Die Bekämpfung von Malaria, Tuberkulose, Diphtherie – alles aufgrund seiner Geldmittel. Die Segnungen und die Stiftungen, die aus diesem Geschäft hervorgegangen sind, kann man unmöglich alle aufzählen.
Da verwandelte sich auch der Mensch. Aus einem Wrack, aus einer lebenden Mumie, wurde ein vitaler, dynamischer Mensch. Er bekam wieder Freude am Leben und wurde wieder gesund, wurde 98 Jahre alt, und ein Segen ging von seinem Leben aus.

Viele Reiche legten viel ein. Da ist nichts gewertet, nichts schlecht gemacht. Da ist einfach gesagt: So kann es sein, wenn reiche Menschen Geld in den Gotteskasten einlegen, dass sie zum Segen werden.

Aber es geht noch weiter. Dann kommt eine Witwe, eine arme Frau. Und sie legt zwei Scherflein ein. Das sind zwei winzige Münzen, insgesamt ein Pfennig.
Die arme Witwe ist das Bild für den Menschen in seiner Angewiesenheit und Bedürftigkeit Gott gegenüber. An Gott gemessen ist jeder Mensch auf dieser Erde einer Witwe gleich. Es fehlt ihm etwas ganz Wesentliches. Die Witwe lebt mit diesem großen, weiten Weh. Etwas, was zu ihr gehörte, ist durch den Tod von ihr abgeschnitten. Sie ist getrennt und verletzt, sie ist gekränkt und verwundet. Das ist der Mensch in den Augen Gottes: ange-

wiesen und bedürftig, gering und klein, winzig und ärmlich. Und wenn wir noch so stolz und groß sein mögen. In den Augen Gottes und an seinen Möglichkeiten gemessen sind wir wie diese Frau, zertrennt, zerschnitten, abgetrennt vom Leben, die eine Hälfte fehlt. Wir haben noch ein wenig, eine Handvoll Leben, ein paar kümmerliche Reste bleiben uns noch an Freude. Wir entbehren im Grunde das Letzte. Die tiefere Erfüllung des Lebens haben wir nicht.
Und diese Frau legt alles ein, was sie hat. Sie legt damit sich selber, ihre ganze Habe, ihr ganzes Leben, ihre Winzigkeit, ihre Kümmerlichkeit ein. Sie legt wenig ein mit großer Hingabe. Das ist es, was Jesus hier hervorhebt.

Die arme Witwe ist in den Augen Jesu ein Vorbild, denn bei Gott ist nicht die Größe der Gabe, sondern die Treue des Gebens das Entscheidende. Gott sieht nicht das Äußere, sondern Gott sieht, wie das Herz sich verschenkt. Und sie legte alles ein.
Bei Jesus geht es also immer um das Ganze. Und dann geht es auch hier nicht mehr nur ums Geld. Es geht um die letzte Erfüllung unseres Lebens. Sie ereignet sich in der Ganzhingabe unseres Lebens, indem wir uns restlos verschenken. Es geht gar nicht um große Gaben, um große Kräfte. Es geht nicht um äußere Ausdehnung, es geht gar nicht um das, was wir äußerlich ein großes, bedeutsames Leben nennen. Diese Frau ist doch gerade das Sinnbild der Winzigkeit und Kleinheit, sie hat nur geringe Möglichkeiten. Und sie gibt sie ganz und

sie gibt darin alles. Nicht große Dinge sollen wir tun, sondern kleine Dinge ganz.
In uns wohnt immer die Sehnsucht nach großen Dingen. Und Jesus sagt: „Tue das Kleine großartig, mache die kleinen Schritte, die kleinen Dinge, die vielleicht niemand beachtet, in der Schule, im Beruf. Gib dich in alles ganz. Behalte dich nicht zurück und du wirst eine Erfahrung machen: Du verlierst nichts, sondern du gewinnst. Dazu gehört Mut."

In dieser Spannung wird sich unser Leben erfüllen. Wir haben eine große Vision. Es geht immer um das Ganze. Aber das große Ganze, die großen Pläne, die großen Schritte, die großen Ereignisse, auch im Reich Gottes, setzen sich zusammen aus der Treue vieler kleiner Schritte. Diese Spannung müssen wir aushalten. Wir brauchen eine große Vision, wir brauchen wirklich die Vision, dass es über uns und unsere paar Jahrzehnte hinaus um das Reich Gottes geht. Es geht um die Gemeinde Jesu aus allen Völkern und Zeiten, es geht um eine über uns und unsere kleinen Möglichkeiten weit hinausgehende Sache. Das müssen wir wissen und dann mutig kleine Dinge tun. Diese Spannung müssen wir aushalten, große Visionen und ganz kleine Schritte. Kinder haben, Bäume pflanzen, Vertrauen wecken, Liebe anzünden, Sterbende trösten, Kranke besuchen, mit Einsamen die Tränen mischen, kleine Dinge.
So wird das Reich Gottes gebaut. Die arme Witwe ist darin eine Einladung an uns, dankbar zu emp-

fangen und über diesen Dank eine persönliche Beziehung zu Gott zu finden. Und wenn wir die persönliche Beziehung haben, dann werden wir die sachlichen Beziehungen anders gestalten.
Ich habe noch nie Menschen ärmer werden sehen, wenn sie sich und auch ihr Geld verschenkt haben. Sie bekamen immer dazu, sie wurden immer reicher, von innen nach außen. Nicht große Dinge, kleine Dinge ganz großartig.

Auf der Seite des Lebens

Es begab sich aber, als sich die Menge zu ihm drängte, um das Wort Gottes zu hören, da stand Jesus am See Genezareth und sah zwei Boote am Ufer liegen; die Fischer aber waren ausgestiegen und wuschen ihre Netze. Da stieg er in eines der Boote, das Simon gehörte, und bat ihn, ein wenig vom Land wegzufahren. Und er setzte sich und lehrte die Menge vom Boot aus. Und als er aufgehört hatte zu reden, sprach er zu Simon: Fahre hinaus, wo es tief ist, und werft eure Netze zum Fang aus! Und Simon antwortete und sprach: Meister, wir haben die ganze Nacht gearbeitet und nichts gefangen; aber auf dein Wort will ich die Netze auswerfen. Und als sie das taten, fingen sie eine große Menge Fische und ihre Netze begannen zu reißen. Und sie winkten ihren Gefährten, die im andern Boot waren, sie sollten kommen und mit ihnen ziehen. Und sie kamen und füllten beide Boote voll, sodass sie fast sanken. Als das Simon Petrus sah, fiel er Jesus zu Füßen und sprach: Herr, geh weg von mir! Ich bin ein sündiger Mensch. Denn ein Schrecken hatte ihn erfasst und alle, die bei ihm waren, über diesen Fang, den sie miteinander getan hatten, ebenso auch Jakobus und Johannes, die Söhne des Zebedäus, Simons Gefährten. Und Jesus sprach zu Simon: Fürchte dich nicht! Von nun an wirst du Menschen fangen. Und sie brachten die Boote ans Land und verließen alles und folgten ihm nach. *(Lukas 5,1-11)*

Der Schriftsteller Ernest Hemingway erlangte Weltruhm mit seiner Erzählung „Der alte Mann und das Meer". Sie erzählt von einem Fischer, der Jahr für Jahr auf das Meer hinausfährt und darauf wartet, den Fang seines Lebens zu machen. Viele Jahre bleibt diese Hoffnung vergeblich. Kleinere Fische, mit denen er sein Leben fristen kann, fängt er hin und wieder. Doch eines Tages gelingt ihm der Fang, auf den er sein Leben lang gewartet und für den er sich immer wieder aufs Meer hinausgewagt hat. Aber kaum hat der Riesenfisch angebissen, beginnt ein zäher, tagelanger Kampf. Unter Aufbietung aller Kräfte des Körpers und des Willens bleibt der Fischer schließlich Sieger. Weil sein Boot zu klein ist, als dass er den erlegten Fisch hineinhieven könnte, nimmt er den gewaltigen Fisch längsseits an sein Boot und macht sich auf die weite Heimfahrt. Zutiefst erschöpft, aber voller Stolz erreicht er nach mehrtägiger Fahrt das Ufer. Am Bootssteg angekommen muss er eine schlimme Entdeckung machen: Von dem großen Fang seines Lebens sind nur das Skelett und die Schwanzflosse übrig geblieben. Alles andere haben die Haie gefressen.

Den Fang unseres Lebens machen! Diese Sehnsucht tragen wir alle in uns. Wir fahren hinaus auf das Meer des Lebens und warten auf die große Beute, auf den Glücksgriff, auf den Erfolg. Und unter Aufbietung aller Kräfte vollbringen wir vielleicht Beachtliches und schaffen uns Werte, die wir dann längsseits ans Boot unseres Lebens nehmen: eine gute berufliche Position, ein gemütliches

Haus, ein gesichertes Auskommen, eine glückliche Familie ... Aber das Leben, das uns wie ein unerschöpfliches Guthaben erscheint, solange wir jung sind, verbraucht sich schneller, als uns lieb ist. Unsere Erfolge sind schneller vergessen, als wir wahrhaben mögen. Die Menschen, auf die wir setzen, werden uns genommen oder man entfremdet sich einander. Die Freuden, die man sich gönnte, vergehen rasch. Schließlich gelangen wir ans Ufer des Lebens und stellen fest: Die Vergänglichkeit und die Widrigkeiten des Lebens haben den ganzen Fang zerstört, abgenagt. Am Ende bleibt nichts als ein dürres Gerippe. Jedenfalls wenn man Hemingway glaubt.

Lukas erzählt eine andere Geschichte: „Der junge Mann und das Meer" könnte man sie nennen. Dieser junge Mann kannte ebenfalls die Mühe des Berufs, das tägliche Hinausfahren auf das Meer, den Kampf um einen guten Fang, lange Nächte voller vergeblicher Anstrengungen, an deren Ende nur ein leeres Boot den Misserfolg sichtbar machte und die Netze geflickt und gereinigt werden mussten. Ganz ähnlich wie in Hemingways Erzählung ist sein Leben bestimmt von der Frage: Was bringt's? Was gewinne ich durch meine Mühe? Womit kann ich mein Leben sichern? Werde ich etwas „längsseits nehmen", auf die Seite bringen können?

In diese harte Lebenswirklichkeit des jungen Mannes am Meer, genauer gesagt am See Genezareth, tritt eines Tages Jesus von Nazareth. Er spricht

über ein Leben, das sich erfüllt im Gegenüber zu Gott. Er lädt diesen jungen Mann, Petrus, ganz persönlich ein, sich darauf einzulassen. Vor Petrus steht jemand, der ihn zu einer größeren Aufgabe als der oft vergeblichen Mühe um einen guten Fang ruft. Er erhält einen Auftrag, der größer ist als alles, womit Menschen sonst ihr Leben verbringen: die Aufgabe, für Gott und mit Gott zu leben und Menschen für Gott zu gewinnen. Plötzlich verwandelt sich für Petrus der Blickwinkel. Hat er bisher gefragt: Was behalte ich? Was bringts?, so lässt ihn die Begegnung mit Jesus nun fragen: Wer hält mich? Was bringt er?
Der junge Mann am Meer findet den Sinn seines Lebens nicht mehr im Besitzen, Haben, Gewinnen, nicht darin, dass er sein Leben absichert. Sinn und Erfüllung findet er darin, dass er sich selbst verschenkt und sich dem anvertraut, der ihm für sein Leben eine neue Perspektive geschenkt hat.

Die Sinnfrage unseres Lebens löst sich niemals im Haben, Erreichen, Gewinnen und in den Sicherheiten unseres Lebens. Sie löst sich darin, dass ein Mensch angenommen ist und erfährt, dass er zu dem Herrn des Lebens gehört. Wer sein Leben diesem Herrn gibt, der wird fähig, loszulassen, was weniger ist als das Leben selbst. Alles, was Petrus unter Aufbietung seiner Kräfte am Boot seines Lebens längsseits genommen hat, ist nun nicht mehr der Rede wert. Er steht auf, lässt alles hinter sich zurück und schließt sich Jesus an.
Petrus hat in seinem Leben noch viele Tiefen, eige-

nes Versagen, Niederlagen und Irrtümer erfahren. Aber eines stand für ihn fest für den Rest seines Lebens: Er gehörte Jesus. Ihm gehörte er, als er versagte und als er siegte, ihm gehörte er in den Irrtümern und in den Erkenntnissen, in den schweren und schönen Stunden seines Lebens. Das war der rote Faden, der seinem Leben Sinn und Erfüllung gab.

Wir haben nur ein Leben, darum müsste es ein erfülltes Leben sein. Und wir haben nur einen Tod, darum müsste es ein bejahter Tod sein. Wenn wir vom bewegten Meer des Lebens an das Ufer gelangen und die Vergänglichkeit dessen, was wir längsseits genommen haben, offenkundig wird, dann stellt sich die Frage: Soll das alles sein, was unser Leben ausmacht? Werden wir nur geboren, um zu sterben?

Die Bibel hat darauf eine klare Antwort: Nein! Gott hat mit den Menschen etwas anderes vor. Er will uns das ganze, reiche, volle Leben geben. Wir sind geboren, um zu leben!

Für einen Menschen allerdings gilt dieser andere Satz: Geboren, um zu sterben. Sein Leben erfüllte dadurch seinen Sinn, dass es in den Tod gegeben wurde, damit der Tod besiegt würde. Mit seinem Tod hat Jesus Christus die Todesfrage unseres Lebens gelöst. Als Gott ihn aus dem Tod auferweckte, hat er alle Vergänglichkeit und Vergeblichkeit unseres Lebens aufgelöst und in eine Hoffnung verwandelt, die über die bittere Grenze des Todes hinausreicht. Weil Jesus Tod und Vergänglichkeit

besiegt hat, ist ein Leben sinnvoll und erfüllt, wenn es zu Jesus gehört.
Lukas erzählt die Geschichte von dem jungen Mann am Meer. Sie ruft uns auf, unser Leben Gott zu geben – mit allem, was dazugehört. Gehöre ich dem Herrn des Lebens? Gehören meine Zeit, meine Anstrengungen und meine Mühen, meine Gesundheit und meine Schwachheit dem Herrn? Gehöre ich ihm mit all meinen Möglichkeiten, mit meinen Begabungen und Begrenzungen?

Jesus sagt auch heute noch: Fürchte dich nicht! Ich will deinem Leben Sinn und Erfüllung schenken, die größer sind als alles, was Menschen sich ausdenken können. Ich will dein Leben anschließen an die Ewigkeit Gottes. Ich will dich nach Hause führen.

Der Mann, der das Leben vergaß

Und er sagte ihnen ein Gleichnis und sprach: Es war ein reicher Mensch, dessen Feld hatte gut getragen. Und er dachte bei sich selbst und sprach: Was soll ich tun? Ich habe nichts, wohin ich meine Früchte sammle. Und sprach: Das will ich tun: Ich will meine Scheunen abbrechen und größere bauen und will darin sammeln all mein Korn und meine Vorräte und will sagen zu meiner Seele: Liebe Seele, du hast einen großen Vorrat für viele Jahre; habe nun Ruhe, iss, trink und habe guten Mut! Aber Gott sprach zu ihm: Du Narr! Diese Nacht wird man deine Seele von dir fordern; und wem wird dann gehören, was du angehäuft hast? So geht es dem, der sich Schätze sammelt und ist nicht reich bei Gott.

(Lukas 12,16-21)

Eine Frage auf einem Plakat macht mich nachdenklich: „Heute schon gelebt?" – Woran misst man, ob man wirklich lebt oder nur da ist? Füllen sich die Tage des Lebens mit Sinn oder werden sie nur herumgebracht? Nutze ich die Zeit oder vertreibe ich sie? Wird die Lebenszeit lebendig oder nur totgeschlagen? Was ist der Maßstab für richtiges Leben? Woran entscheidet es sich, ob ein Leben leer bleibt und am Ende wie ein brüchiges Gefäß in tausend Scherben zerbricht oder von Reichtum überfließt? Was ist der Maßstab für ein reiches Leben? Bedeu-

tet Leben, viel zu haben, Großes zu erreichen, Dinge zu besitzen?
Das dachte ein Mann, der Jesus bat, er möchte den Bruder bewegen, das Erbe mit ihm zu teilen: „Wenn mein Bruder mich auszahlt und ich das Geld besitze, dann beginnt das richtige Leben!" Aber Jesus antwortet: *Niemand lebt davon, dass er viele Güter hat! (Lukas 12,15b)*, und erzählt die Geschichte von einem Bauern, der eine reiche Ernte hat, große Scheunen baut, Besitz anhäuft und am Ende ein armer Narr ist. Der Bauer baut und plant, rennt und rackert, schafft und genießt, aber er vergisst das Wichtigste, das Leben. Der Mann, der das Leben vergisst.

Erstens vergisst der Mann, dass er einen gütigen Gott über sich hat. Der Bauer empfängt viel. Eine überreiche Ernte stellt ihn vor schwere Probleme. Doch er weiß sich zu helfen. Er baut neue Scheunen, um seinen großen Reichtum unterzubringen. Sein Leben besteht im Nehmen. Die Handhabung der Güter füllt sein Leben aus, und darum bleibt es letztlich leer. Kein Mensch lebt davon, dass er Güter hat! Erst wo wir über das Nehmen hinaus eine persönliche Beziehung zum Geber finden, wird das Leben lebendig. Nicht die Güter in der Hand, sondern die Güte Gottes zu uns macht das Leben zum Leben und den Menschen zum Menschen. Die Handhabung der Güter ist eine Vorstufe, die wir noch mit allen anderen Kreaturen teilen. Aber wir Menschen können eine Stufe weiter gelangen, zu einer Lebensbeziehung zum Geber selbst.

Zwei junge Menschen verlieben sich und wollen heiraten. Die Frau kommt aus einem überreichen Elternhaus. Dorthin wird der Mann zum Abendessen eingeladen und er will bei der Gelegenheit um die Hand der Tochter bitten. Verlegen steht er mit seinem Blumenstrauß den zukünftigen Schwiegereltern gegenüber. Die wohlüberlegten Sätze sind wie weggeblasen. Schließlich beginnt er stotternd und spricht von einem ungeheuren Zug, der ihn zu der Tochter zieht, dass der Zug immer stärker wird, dass er sich so unwiderstehlich zu dem Mädchen hingezogen fühlt, dass er um ihre Hand bittet. Da fragt ihn gütig lächelnd der Vater: „Dieser Zug, von dem Sie da sprechen, ist das ein Güterzug oder ein Personenzug?"

Ist unsere Beziehung zum Leben ein Güterzug des Nehmens und Habens oder ein Personenzug des Dankens und Liebens. Gott weiß, dass wir die Güter des Lebens, die Lebensmittel, brauchen, und er gibt sie uns reichlich. Aber er weiß auch, dass wir mehr brauchen, seine Liebe und Begleitung, seine Nähe und Tröstung, und darum schenkt er sich selbst. Wer über die Handhabung der Güter die Beziehung zum Geber findet, beginnt richtig zu leben.

Zweitens vergisst der Mann, dass er einen bedürftigen Nächsten neben sich hat. Er denkt nur an sich und wie er seinen Vorrat für sein Leben und seine Ziele nutzen kann. In allen seinen Überlegungen ist er auf sein Ich und sein Wohlergehen begrenzt. Wer über den Gaben nicht im Danken zum Geber findet, findet auch den Weg zum Teilen und zum Nächsten schwer. Leben beginnt mit dem Empfangen. Es wächst im Danken zu Gott hin und in der Liebe zum anderen hin. In den Speisungs- und Abendmahlsgeschichten wird von Jesus gesagt: „Und er nahm und dankte und gab!" In diesen drei Worten ist das Geheimnis eines wirklich erfüllten Lebens enthalten.

Conrad Ferdinand Meyer beschreibt in seinem Gedicht über den römischen Brunnen das Geheimnis eines solchen Lebens. Jede der Brunnenschalen empfängt das Wasser, wird voll, fließt über, gibt der nächsten, die auch empfängt, überfließt und weitergibt an die dritte Schale, und so fort. In der letzten Zeile des Gedichtes heißt es dann zusammenfassend: „Und jede nimmt und gibt und strömt und ruht." Das ist Leben: nehmen und geben, strömen und ruhen. Nur wer nimmt, kann geben. Nur wer gibt, kann wieder nehmen. Nur wer strömt, kann auch ruhen. Und wer ruht, kann wieder strömen.
Wer sein Leben nicht im Danken und Teilen verschenkt, muss es ängstlich und rastlos hüten und schützen. Unruhe und Hektik werden ihn nerven und aufreiben. Die Angst, etwas zu verlieren, die Gier nach noch mehr halten Menschen in Atem. Nur wer sein Leben verschenkt im Dank an Gott, in der Liebe an den Nächsten, kommt zur Ruhe und Erfüllung. Wer sein Leben für sich bewahren und sichern will, wird es zerstören.

Einige Bilder aus der Natur machen das deutlich: „Mein Nektar gehört mir", sagte die Sommerblume und ließ keine Biene bei sich naschen. Sie blühte noch eine kleine Zeit, verwelkte dann und hatte keine Frucht.
„Ich bin ich", sagte das Weizenkorn. „Ich bin prall, goldgelb und voller Lebenskraft. Ich will mein Leben genießen. Ich lasse mich doch nicht zermahlen und verbacken oder gar in die Erde legen wie in ein Grab." So blieb es heil und ganz für sich allein und nützte niemandem und brachte niemals Frucht.
„Ich will mich selbst verwirklichen", sagte die Zitrone. „Ich lasse mich doch nicht zerschneiden und auspressen!" So blieb sie reif und rund in der Obstschale liegen, verfaulte dann und kam in den Mülleimer.
Soll unser Leben eine kleine Zeit blühen und dann einfach verwelken? Wollen wir eine Zeit lang Spaß haben und dann verfaulen? Wollen wir uns bewahren und einmal todeinsam sein? Es gibt nur einen Lebens- und Überlebensweg, den Weg der Liebe und des Teilens. Der Mann, der das Leben vergaß, versäumte es, Gott zu danken und mit dem Nächsten zu teilen. Darum heißt es am Ende: *Du Narr!*

Drittens vergisst der Mann, dass er eine anspruchsvolle Seele in sich hat. Nachdem er seine Scheunen vergrößert und all den Reichtum darin gesammelt hat, sagt er zu sich: *Liebe Seele, du hast einen großen Vorrat für viele Jahre. Iss und trink, sei guten*

Mutes und zufrieden! Als könnte man eine Menschenseele mit Essen und Trinken, mit Gütern und Gaben befriedigen. Als könnte man eine menschliche Sehnsucht mit der Befriedigung der Triebe stillen. Als könnte man einem Menschenleben und seiner tiefsten Erwartung mit der Erfüllung leiblicher Bedürfnisse gerecht werden. Unsere Seele ist viel anspruchsvoller und hat eine viel tiefere Sehnsucht.

Wissenschaftler in Afrika nehmen für eine Expedition Eingeborene als Träger. Die Forscher haben es eilig und treiben die Helfer an. Drei Tage rennen sie mit den schweren Kisten durch den Busch. Dann werfen sie die Lasten ab und setzen sich darauf. Weder für Geld noch für gute Worte sind sie bereit, weiter zu gehen. Sie sagen: „Wir müssen warten, bis unsere Seelen nachgekommen sind. Es geht viel zu schnell!"
Sind unsere Seelen mitgekommen mit der rasanten Entwicklung von Wohlstand und Reichtum? Haben wir unser inneres Leben zusammen mit dem äußeren aufgebaut? Haben wir für unsere Seele Frieden gefunden oder tragen wir nur die Verzeichnisse über unseren Besitz in der Tasche?
Haben wir vergessen, dass zum Leben mehr als Essen und Trinken, ein schönes Haus und ausreichende Versicherungen gehören? Haben wir Versöhnung mit Gott und Frieden mit unseren Nächsten? Haben wir Zuversicht und Vertrauen im Herzen, weil wir einen Herrn haben, der uns liebt und birgt. Sind wir mit dem Gespenst der Angst und Sorge zurechtgekommen? Ist der Frieden Gottes in

uns eingekehrt und unsere aufgescheuchte Seele in Gottes Hand zur Ruhe gekommen?
Jesus hat gar nichts dagegen, dass Menschen volle Scheunen und schöne Häuser haben. Aber er hat etwas dagegen, dass sie leere Seelen, hohle Köpfe und durchlöcherte Gemüter haben, durch die all der Reichtum Gottes hindurchrinnt. Wir brauchen neben den Schätzen auf Erden den Reichtum in Gott.
Wie phantasievoll richten Menschen ihre Häuser ein. Liebevoll und mit Geschmack ausgesucht passen Vorhänge, Teppiche, Gardinen, Lampen und Möbel zusammen. Alles Ton in Ton und voller Harmonie. Verwenden wir auf unser Seelenleben auch solche Sorgfalt, dass alles Ton in Ton ist mit Gott, mit den Nächsten und mit uns selbst, dass alles stimmt und zusammenklingt, dass man sich wohlfühlt und auflebt?
Ein Mann vergisst das Leben, weil er nicht daran denkt, dass unsere Seele Frieden und Geborgenheit, Heil und Vergebung braucht. Viele haben äußere Schätze und sind doch arme Menschen.

Viertens vergisst der Mann, dass er eine lange Ewigkeit vor sich hat. Er denkt in seiner Klugheit, bei seinem Planen und Kalkulieren, nur an dieses Leben, an den Vorrat für viele Jahre. Mehr Jahre in das Leben! Wir wollen Gott von Herzen dankbar sein, dass das durch eine moderne Medizin weitgehend möglich ist. Wie viele Menschen sind früher schon als Kinder, wie viele, kaum aufgeblüht, an einer harmlosen Infektion gestorben. Was ist das

für ein Geschenk: mehr Jahre in ein Leben, Lebensverlängerung. Aber Gott möchte auch das andere: mehr Leben in die Jahre. Was nützen zehn Jahre mehr, wenn sie kein Leben sind?
Gott gab uns das Leben als eine Vorbereitung auf eine noch größere Zeit: die Ewigkeit. Leben ist mehr als das Sammeln von Gütern und Jahren, es ist die Hinführung zu einer größeren Zukunft.

Denken wir noch einmal an die Frage auf dem Plakat zurück: Heute schon gelebt?
Heute Gott gedankt, heute mit einem Nächsten geteilt, heute für die Seele und ihren Frieden gesorgt, diesen Tag als Vorbereitung für eine lange Ewigkeit genutzt, das wäre wirklich gelebt.

Weltnacht und Weihnacht

Denn also hat Gott die Welt geliebt, dass er seinen eingeborenen Sohn gab, damit alle, die an ihn glauben, nicht verloren werden, sondern das ewige Leben haben.

(Johannes 3,16)

Es war eine Nacht wie jede andere. Dunkelheit fiel über das Land und löschte das Licht des Tages langsam aus. Wilde Tiere machten sich auf, arglose Schafe zu reißen. Hirten wachten draußen auf dem Feld gegen das Böse und wärmten sich am Feuer. Schwermut legte sich auf die Traurigen und Kranke zählten unter Schmerzen die langen Stunden. Kinder träumten selig vom bunten Leben. Diebe machten sich im Schutz der Dunkelheit mit ihrer Beute davon. Liebespaare suchten heimlich die Erfüllung ihrer Sehnsucht. Sterbende blieben todeinsam und Abgearbeitete sanken erschöpft auf ihr Lager. Sterne leuchteten am Himmel. Es war eine Weltnacht, eine Allerweltsnacht wie jede andere. Und doch war in dieser Nacht alles anders. Gott weihte uns seinen Sohn. In einer Notunterkunft wurde Jesus geboren. Arm, unter Schmerzen, unterwegs und winzig kam er zur Welt, Gott fand in seiner Liebe einen Weg zu uns Menschen. Er nahm unser Fleisch und Blut an und weihte sein Liebstes uns armen Erdenkindern.

Da begann ein Weg der Liebe und der Schmerzen.

Maria und Josef erfuhren es zuerst. Maria gab ihren Leib und ihre Liebe und musste erleben, dass ihr Sohn zuerst Gottes Sohn ist. Josef gab seinen Namen, seine Kraft und seine Ehre, sein Hab und Gut und hatte nichts als Schwierigkeiten. Kein Glanz fiel auf seine Treue, Demut und Hingabe. Und Jesus selbst wurde in seiner Liebe zum Menschen so verletzlich, dass er sich schließlich auf seine Liebe zu uns festnageln und kreuzigen ließ. Aber durch diese Liebe verwandelte Gott das Dunkel der Weltnacht in das Licht der Weihnacht. Christ, der Retter, ist da! Für uns ist damals der Heiland geboren. Gott bindet sich an unser Leben. Er weiht uns seinen Sohn. Nun ist alles ganz anders.

In der Millionenstadt Tokio stromert ein kleiner Junge frierend und bettelnd durch die Straßen. Er spricht einen Europäer an und bittet um eine Gabe. Der nennt ihm eine Adresse, beschreibt ihm das Haus und sagt: „Wenn man dir öffnet, sagst du: Johannes drei, Vers sechzehn." Der Junge wundert sich, aber er rennt los. Unterwegs murmelt er vor sich hin: „Johannes drei, Vers sechzehn!" Er findet die Straße und das Haus, klopft an, und auf die Frage, was er wünsche, sagt er: „Johannes drei, Vers sechzehn." Der Junge wird hereingebeten, bekommt ein warmes Bad, neue Kleidung und ein gutes Essen. Als der Junge überglücklich das Haus verlässt, denkt er noch immer an die wunderbare Parole: Johannes drei, Vers sechzehn. In Gedanken versunken rennt er auf die Straße und wird von einem Auto angefahren. Bewusstlos wird er ins Unfallkrankenhaus gebracht. Die Ärzte und Schwestern kämpfen um sein Leben. Als er wieder zu sich kommt, fragen die Schwestern nach seinem Namen. Er sagt nur immer wieder: „Johannes drei, Vers sechzehn." Schließlich geben die Schwestern auf und schreiben auf die Tafel über seinem Bett: „Name: Johannes drei, Vers sechzehn".

Irgendwie gleicht unser Leben dieser wahren Geschichte. Wir laufen durch die Straßen unserer Welt und betteln um Liebe und Freude, Vertrauen und Geborgenheit. Und Gott lässt uns eine wunderbare Wahrheit sagen: „Du bist geliebt. So sehr geliebt, dass ich mein Liebstes für dich gab!" Diese Nachricht ist wie eine offene Tür, wie ein warmes Bad, wie ein neues Kleid, wie ein gutes Essen. Wir sind geliebt, das ist die beste Parole.
Es wird auch in unserem Leben Situationen geben, wo wir buchstäblich unter die Räder kommen und vor Schmerzen und Sorgen, Leid und Trauer bewusstlos sind: Wir wissen nicht mehr, wer wir eigentlich sind. Wo finde ich dann Geborgenheit und Ruhe, Hilfe und Heilung, Gewissheit und Vertrauen? Über unserem Leben, über unserer Sehnsucht, über unserer Zukunft, über unserer Krankheit steht: „Johannes drei, Vers sechzehn: Geliebt, unendlich geliebt!"

Mitten in der Weltnacht leuchtet ein helles Licht: Gott weiht uns seinen Sohn. Nun ist alles ganz anders. Wir sind geliebt. Nun ist Weihnacht.

Wie kann in unserem Leben aus Weltnacht Weihnacht, aus bedrückendem Dunkel beglückendes Licht werden? Die Hirten und Weisen erlebten als Erste in der Anbetung des Jesuskindes die Verwandlung ihres Lebens. Unsere Antwort auf Gottes Gabe kann nur eines sein: Wir weihen unser Leben Jesus. Wir finden den Weg im Glauben zu Jesus und geben ihm alles, was wir haben: das Gold des Vertrauens, den Weihrauch der Anbetung und die Myrrhe des Leidens. Dann wird es auch bei uns Weihnachten. Denn was nützt die von Gott geweihte Nacht in Bethlehem, wenn wir bei uns selbst im Dunkeln bleiben. Die Hirten und Weisen werden in der Begegnung mit Jesus verwandelt. So werden aus Wachenden Betende, aus Suchenden Findende, aus Menschenkindern Gotteskinder. Weil Gott in seiner Liebe Menschenkind wurde, können wir im Glauben Gotteskinder werden. Waren wir bei Jesus und haben ihm unser Leben geweiht? Dann ist auch bei uns Weihnacht.
Und was können wir geweihten Gotteskinder in den Nächten dieser Welt tun? Wie können sich die Allerweltsnächte in Weihnachten verwandeln? Wir weihen uns Jesus und finden auf seine Weisung den Weg zu anderen, bringen die gute Botschaft von der Befreiung aus Angst und Trauer, Sorge und Sünde, Not und Leid, Schicksal und Tod. Wo immer Menschen aus Liebe zu Jesus Boten seiner Barmherzigkeit werden, verwandelt sich etwas Dunkel in Licht, etwas Verzweiflung in Hoffnung, etwas Sorge in Geborgenheit.

Die Hirten kehrten wieder um und breiteten das Wort aus, welches zu ihnen von dem Kinde gesagt war. Die Weisen zogen in ihr Land zurück und brachten das Evangelium von Jesus in ihre ferne Heimat. Von der Krippe Jesu zogen die ersten Missionare aus zu den Juden in der Nähe und zu den Heiden in der Ferne.

Der Evangelist Dapozzo erzählt: „Jahrelang habe ich um meines Glaubens willen in einem deutschen Konzentrationslager gelitten. Ich wog nur noch 45 Kilogramm und mein ganzer Körper war mit Wunden bedeckt. Mein rechter Arm war gebrochen und ohne ärztliche Behandlung gelassen. Am Weihnachtsabend 1943 ließ mich der Lagerkommandant rufen. Ich stand mit bloßem Oberkörper und barfuß vor ihm. Er saß an einer reich gedeckten, festlichen Tafel. Stehend musste ich zusehen, wie er sich die Leckerbissen schmecken ließ. Da wurde ich vom Bösen versucht: „Dapozzo, glaubst du immer noch an den 23. Psalm? – *Du bereitest vor mir einen Tisch im Angesicht meiner Feinde, du salbest mein Haupt mit Öl und schenkest mir voll ein. Gutes und Barmherzigkeit werden mir folgen mein Leben lang!*“
Im Stillen betete ich zu Gott und konnte dann antworten: „Ja, ich glaube daran!“ Die Ordonanz brachte Kaffee und ein Päckchen Kekse. Der Lagerkommandant aß sie mit Genuss und sagte zu mir: „Ihre Frau ist eine gute Köchin, Dapozzo!“ Ich verstand nicht, was er meinte. Er erklärte es mir: „Seit Jahren schickt Ihre Frau Pakete mit klei-

nen Kuchen, die ich immer mit Behagen gegessen habe." Wieder kämpfte ich gegen die Versuchung an. Meine Frau und meine vier Kinder hatten von ihren ohnehin kargen Rationen Mehl, Fett und Zucker gespart, um mir etwas zukommen zu lassen. Und dieser Mann hatte die Nahrung meiner Kinder gegessen. Der Teufel flüsterte mir zu: „Hasse ihn, Dapozzo, hasse ihn!" Wieder betete ich gegen den Hass an um Liebe. Ich bat den Kommandanten, wenigstens an einem der Kuchen riechen zu dürfen, um dabei an meine Frau und Kinder zu denken. Aber der Peiniger gewährte mir die Bitte nicht. Er verfluchte mich.

Als der Krieg vorüber war, suchte ich nach dem Lagerkommanten. Er war entkommen und untergetaucht. Nach zehn Jahren fand ich ihn schließlich und besuchte ihn zusammen mit einem Pfarrer. Natürlich erkannte er mich nicht. Dann sagte ich zu ihm: „Ich bin Nummer 17531. Erinnern Sie sich an Weihnachten 1943?" Da bekam er plötzlich Angst. „Sie sind gekommen, um sich an mir zu rächen?" – „Ja", bestätigte ich und öffnete ein großes Paket. Ein herrlicher Kuchen kam zum Vorschein. Ich bat seine Frau, Kaffee zu kochen. Dann aßen wir schweigend den Kuchen und tranken Kaffee. Der Kommandant begann zu weinen und mich um Verzeihung zu bitten. Ich erzählte ihm, dass ich ihm um Christi willen vergeben habe."

In der Liebe weihte Gott uns seinen Sohn. Im Glauben weihen wir Jesus unser Leben. Im Zeugnis in Wort und Tat weihen wir uns seiner Berufung zum Dienst. So wird aus Weltnacht Weihnacht. Seit Jesu Geburt und seinem Kommen kann jede Nacht – wie dunkel sie auch sein mag – Weihnacht werden. Und jeder Tag – wie hell er auch erscheinen mag – kann Christtag sein.

Richten und Verzeihen

Und frühmorgens kam Jesus wieder in den Tempel, und alles Volk kam zu ihm, und er setzte sich und lehrte sie. Aber die Schriftgelehrten und Pharisäer brachten eine Frau, beim Ehebruch ergriffen, und stellten sie in die Mitte und sprachen zu ihm: Meister, diese Frau ist auf frischer Tat beim Ehebruch ergriffen worden. Mose aber hat uns im Gesetz geboten, solche Frauen zu steinigen. Was sagst du? Das sagten sie aber, um ihn zu versuchen, damit sie ihn verklagen könnten. Aber Jesus bückte sich und schrieb mit dem Finger auf die Erde. Als sie nun fortfuhren, ihn zu fragen, richtete er sich auf und sprach zu ihnen: Wer unter euch ohne Sünde ist, der werfe den ersten Stein auf sie. Und er bückte sich wieder und schrieb auf die Erde. Als sie aber das hörten, gingen sie weg, einer nach dem andern, die Ältesten zuerst; und Jesus blieb allein mit der Frau, die in der Mitte stand. Jesus aber richtete sich auf und fragte sie: Wo sind sie, Frau? Hat dich niemand verdammt? Sie antwortete: Niemand, Herr. Und Jesus sprach: So verdamme ich dich auch nicht; geh hin und sündige hinfort nicht mehr.

(Johannes 8,2-11)

Frühmorgens geht Jesus in den Tempel, den Ort der Anbetung und Lehre, den Treffpunkt zwischen Gott und Mensch. Jesus setzt sich und alles Volk kommt, um ihn zu hören. Wie unterschiedlich

mögen die Menschen wohl gewesen sein: Alte und Junge, Frauen und Männer, Gebildete und einfache Leute, Einheimische und von weither Gereiste, Menschen, die in den alten Schriften zu Hause waren, und andere, denen sie ganz und gar fremd waren. Und in ihnen allen sieht Jesus Ebenbilder Gottes. Menschen, die trotz aller Lebensbrüche zu Gottes Heil berufen sind. Mit Augen der Wahrheit sieht Jesus all die Lebensnöte, und mit Augen der Liebe sieht er, wie die Menschen wieder aufgerichtet und erneuert werden können.
Und dann der Kontrast: Die Schriftgelehrten und Pharisäer suchen nicht das Gute und das Heil, sie suchen einen Vorwand gegen Jesus und möchten ihn hereinlegen und anklagen.
Wer seine Negativbilder vom Menschen und der Welt, vom Glauben und der Gemeinde bestätigt haben will, wird immer Beweise finden. So nimmt es auch nicht Wunder, dass die Schriftgelehrten ganz schnell etwas finden: eine Frau, auf frischer Tat beim Ehebruch ertappt. (Wo ist eigentlich der Mann?) Sie zerren sie vor Jesus und stellen sie in die Mitte. Da ist Jesus mit seinem barmherzigen Bemühen, den Menschen zu heilen. Und da sind die Pharisäer mit ihrer hartherzigen Anklage und ihrem gemeinen Vorwand.
Die Frau steht in der Mitte und alle Augen richten sich auf sie. Sie steht in der Mitte, ihre Sünde ist offenbar, ihre Strafe festgelegt, ihre Ankläger stehen auf der einen und ihr Richter auf der anderen Seite. Die Frau steht in der Mitte zwischen dem alten Gesetz und dem neuen Bund, der mit Jesus beginnt.

Die Pharisäer sehen nur zwei Möglichkeiten und denken in Schwarz und Weiß: Spricht Jesus für die Steinigung, ist er hart, spricht er für Begnadigung, bricht er das Gesetz. Wie Jesus sich auch entscheidet, er kann sich nur matt setzen. Eine unglaubliche Spannung baut sich auf: „Was sagst du dazu?"
Jesus bückt sich und schreibt mit dem Finger auf die Erde. Möchte er Zeit gewinnen, möchte er sein Gesicht verbergen, möchte er so tun, als ginge ihn die Sache nichts an? – Nein, sein Schreiben auf die Erde hat eine ganz tiefe und starke Bedeutung. In Jeremia 17,13 heißt es: *Die Abtrünnigen müssen auf die Erde geschrieben werden, denn sie verlassen den Herrn.* Also eine Geste, wie sie stärker und anschaulicher nicht sein kann. Die Menschen, die mit Gott gebrochen haben, werden auf die Erde geschrieben, sind gleichsam für die Erde gut – schuldig und verloren.
Auch Jesus sieht eine Frau, die mit Gott und Menschen gebrochen hat. Sie ist schuldig, und ihre Sünde wird nicht verharmlost, klein geredet und unter den Teppich gekehrt. Nein, sie ist eine Ehebrecherin, und Jesus schreibt sie auf die Erde. Aber die Pharisäer geben keine Ruhe. Sie bohren weiter mit ihren Fragen. Da richtet sich Jesus auf, schaut ihnen ins Gesicht und sagt: *Wer unter euch ohne Sünde ist, der werfe den ersten Stein auf sie.*
Und dann schreibt Jesus weiter auf die Erde, sie alle, die auch nicht ohne Sünde sind, sondern deren Bosheit und Gemeinheit vor allen offenbar werden. Auch sie sind für die Erde gut, sind vielleicht nicht gerade Ehebrecher, aber Egoisten, Selbstgerechte,

Neider und Lügner. Sie alle lassen ihre Steine fallen und gehen hinaus. Sie empfinden, dass sie kein Recht auf Bestrafung haben. So gibt Jesus auch den Anklägern die Möglichkeit, ihre Schuld zu erkennen.

Nun bleibt Jesus allein mit der Frau zurück. Er wäre der Einzige, der das Gesetz des Mose befolgen könnte, der einzige Mensch ohne eine Sünde. Aber er bindet seine Macht an die Liebe und entlässt die Frau mit dem Zuspruch der Vergebung und dem Anspruch auf ein neues Leben.

So wird der Tempel für die Frau und die Männer zu einem Treffpunkt von Wahrheit und Liebe, wo Sünde wirklich aufgedeckt wird und ans Licht kommt, aber in Liebe zugedeckt und vergeben wird. Das alte Gesetz behält seine Gültigkeit und der neue Bund wird Wirklichkeit. Gnade und Recht gehören bei Jesus zusammen. Menschen, die Gott recht geben, werden seine Gnade empfangen. Gebrochene Menschen und zerbrochene Beziehungen werden wiederhergestellt. Und am Ende bleibt die Ermächtigung zu einem neuen und geheiligten Leben: *Geh hin und sündige hinfort nicht mehr!*

Angst – Hoffnung – Zukunft

Jesus spricht: *Das habe ich zu euch geredet, solange ich bei euch gewesen bin. Aber der Tröster, der Heilige Geist, den mein Vater senden wird in meinem Namen, der wird euch alles lehren und euch an alles erinnern, was ich euch gesagt habe.*

(Johannes 14, 25-26)

Leben ist Abschiednehmen: Kinder verlassen das Elternhaus. Verlobte verabschieden sich nach einem gemeinsam verlebten Wochenende auf dem Bahnhof. Eine Mutter bringt ihr Kind ins Krankenhaus. Besondere Zeiten, Urlaub und Besuche gehen zu Ende. Viele nehmen schweren Abschied von Gesundheit und Glück. Andere verlieren den Arbeitsplatz. Ehen zerbrechen, Familien gehen auseinander. Oder liebe Menschen, treue Gefährten unseres Lebens, müssen Abschied nehmen und wir stehen traurig an ihren Gräbern. Zuletzt müssen wir alle einmal den schweren Weg des letzten Abschieds gehen.

Wie ein roter Faden zieht sich die schmerzliche Erfahrung des Abschiedes durch unser ganzes Leben. In einem bekannten Volkslied hat diese Grunderfahrung Ausdruck gefunden: „Ich wäre ja so gerne noch geblieben, aber der Wagen der rollt!" – Das ist das traurige, schmerzliche, wehmütige Aber, das sich über unser Leben wie ein dunkler Schatten zieht.

Alle diese einzelnen Abschiede sind aus einem großen Urabschied des Menschen herausgewachsen, aus dem Abschied vom Paradies. Als der Mensch die Geborgenheit bei Gott, den Einklang mit seinem Schöpfer, mit sich selbst und der Natur verlor, als er aus dem Paradies vertrieben wurde, verlor er das Grundlegendste seines Lebens.
Mund an Mund mit Gott, Atem an Atem, Gesicht an Gesicht mit seinem Schöpfer, so war der Mensch gemacht und gedacht. Aber der Mensch verließ diese Partnerschaft mit Gott. Er wollte selbst sein wie Gott und verlor dabei alles. Ganz andere Geister hauchen den Menschen nun an, ganz andere Kräfte bewegen ihn. Der Mensch wählte das atemberaubende Leben jenseits von Eden.
Und hier, vom Paradies entfernt, von Gott und dem Frieden getrennt, aus der Harmonie herausgefallen, wurden all die anderen Abschiede geboren. Unstet und flüchtig, heimatlos und rastlos, ungeborgen und ausgesetzt leben wir auf Erden: „Ich wäre ja so gerne noch geblieben, aber ..."

Alle Menschenangst ist darum letztlich Verlustangst, die aus der Urerfahrung des Abschiedes herauswächst. Wir haben Angst vor dem Weniger, Angst vor der Minderung des Lebens, Angst vor Verlust und Abschied.
Alle Hoffnungen haben den traurigen Begleiter der Angst bei sich. Unsere Hoffnungen sind mit Trauerflor versehen. Zu viele Hoffnungen haben sich schon in Enttäuschungen verwandelt, als dass wir noch ungebrochen hoffen könnten. Wie viele Träu-

me haben wir begraben, von wie vielen Vorstellungen Abschied nehmen müssen. Verlustangst ist das Grundlebensgefühl, das sich in unsere Hoffnungen hineinmischt. So bleibt uns nur das traurige Aber des Abschiedes, der Verlusterfahrung, der Angst vor dem Weniger und der Lebensverkürzung. „Ich wäre ja so gerne noch geblieben, aber ...“

Auch Jesus nimmt Abschied von seinen Jüngern: als er zum Kreuz geht und als er als Auferstandener zu seinem Vater zurückkehrt. Kreuz und Himmelfahrt Jesu waren auch schmerzliche Abschiede für die Jünger. Und doch besteht ein gewaltiger Unterschied: Der Abschied Jesu bedeutet nicht das Weniger, den Verlust, die Enttäuschung, sondern das Mehr, den Gewinn und die Zukunft.
Ein Abschied ist in unserer Welt, der das Mehr an Leben und Hoffnung bringt. Ein Abschied, der die Gewinnerfahrung bedeutet. Jesus geht nicht weg und hinterlässt eine Lücke, sondern er geht hin und schließt eine Lücke. Jesus geht zum Vater, sein Abschied ist die Vollendung und Erfüllung eines großen Planes.
Himmelfahrt Jesu heißt: Jesus geht eine Stufe weiter. Er gelangt zur Vollendung. Er geht zum Thron des Vaters, von wo aus er die Welt, die Geschichte und die Gemeinde besser, wirkungsvoller regieren und führen kann.
Und auch für die zurückbleibenden Jünger bedeutet der Abschied nicht das Weniger, sondern das Mehr. Es kommt für sie etwas dazu: *Aber der Tröster, der Heilige Geist, den mein Vater senden wird in mei-*

nem Namen. Sie bekommen eine zusätzliche Gabe. Neue Lebensmöglichkeiten werden für sie aufgeschlossen durch die Begabung mit dem Heiligen Geist. Neue Dimensionen tun sich auf, wenn der Anwalt, Beistand und Tröster uns erreicht. Das ist das fröhliche und tröstliche Aber: *aber der Tröster.*
Himmelfahrt Jesu heißt: Wir haben einen ständigen Vertreter am Thron Gottes. Jesus tritt dort für uns ein, ist unser Fürsprecher, unser Mund bei Gott. Und Gott hat einen ständigen Vertreter bei uns, seinen Geist, seinen Beistand und Tröster, Gottes Mund bei uns.
Die Himmelfahrt Jesu ist der große Gewinn, die neue Lebensmöglichkeit, die Eröffnung der Zukunft. Jesu Abschied war kein Weggang, sondern ein Hingang und eine Erhöhung und für uns der Anfang einer neuen Beziehung zu Gott.
In Jesus haben wir wieder unseren Mund an Gottes Ohr. Und im Heiligen Geist hat Gott wieder seinen Mund an unserem Ohr. Das ist das fröhliche, glückliche Aber Jesu: *Aber der Tröster [...], der wird euch alles lehren und euch an alles erinnern, was ich euch gesagt habe.*

Wenn wir Menschen sehen, die unverständliche Dinge tun – vielleicht weil sie unglücklich, gescheitert oder hilflos sind – sagen wir: „Der ist auch nicht ganz bei Trost!“ Hinter dieser leicht hingeworfenen Bemerkung steckt eine ganz wesentliche Aussage über den Menschen: Er ist nicht ganz bei Trost. Wir alle haben und wissen kleine Tröstungen, aber letztlich ist kein Mensch ganz bei Trost.

Wir sind angewiesen auf Zuspruch und Hilfe von außen. Niemand hat die letzte Lebenskraft und -freude in sich. Alle Menschen sind bedürftig und auf Trost angewiesen. Eine solche Trostbedürftigkeit ist nicht Schwäche, sondern das Vorrecht der Menschen. Darum sagt Jesus: *Aber der Tröster, den mein Vater senden wird in meinem Namen, der wird euch alles lehren.*
Jesus geht zu seinem Vater, kehrt an den Thron Gottes zurück, damit wir Menschen wieder ganz bei Trost sein können. Seine Himmelfahrt bedeutet für uns den Empfang des Trösters, das Erkennen des Heils. Jesu Himmelfahrt gibt uns Hoffnung gegen alle Verlustangst, eröffnet uns Zukunft gegen alle Vergänglichkeit.

Der kleine menschliche Trost lebt vom Vergessen. Die Menschen sagen: „Vergiss es!“ – „Das Leben geht weiter!“ – „Es wird schon besser werden!“ – „Wenn der Frühling erst kommt!“ – „Anderen geht es noch schlimmer!“
Der große göttliche Trost lebt vom Erinnern. Der Tröster Gottes wird alles, was Gott geäußert hat, was er in Jesus Christus zum Ausdruck gebracht hat, in uns erinnern. Die Äußerungen Gottes im Menschen zu innern, nach innen zu bringen und dort festzumachen, ist das Werk des Trösters. Der Geist Gottes erinnert uns daran, was Jesus gelebt, gesagt und getan hat, uns zum Trost.

Der Geist Gottes erinnert uns daran, dass Jesus der König ist, der am Thron des Vaters die große Welt und unser kleines Leben sorgsam regiert. Den König der Welt, der alle Macht in seinen Händen hält, zum persönlichen Freund zu haben, weckt dann auch in uns die königliche Freiheit. Unsere Antwort auf Jesu Königswürde: Wir wollen nur noch ihm gehören, königlich frei sein von Mächten und Zwängen, fremden Diktaten und anderen Herrschaften, nur noch Jesus eigen und gehorsam sein.

Der Geist Gottes erinnert uns daran, dass Jesus der Priester ist, der sich geopfert und uns geheiligt hat. Da wird uns das Leiden und Sterben Jesu zum echten Trost für unser Leben. Wir erkennen, dass Jesus der große Brückenbauer, der „pontifex maximus" ist und uns mit Gott versöhnt zu einem neuen Leben. Dann werden wir auch priesterlich leben wollen in der Hingabe an Jesus.

Unsere Antwort auf das Priesteramt Jesu: Auch wir wollen die Erfüllung unseres Lebens nicht mehr im Haben, Raffen und Gieren, sondern im Verschenken, Hingeben und Opfern empfangen: Ein Leben, das sich hingibt, damit andere zum Leben kommen, wird immer reicher und sinnvoller.

Der Geist Gottes erinnert uns daran, dass Jesus der Prophet ist, der uns das Wort Gottes sagt, den Weg zu Gott anbietet und unseren Weg mit seiner Fürbitte begleitet. Jesus ist Gottes Mund bei uns und unser Mund bei Gott. So wollen auch wir prophetisch leben. Unsere Antwort auf Jesu Prophetenwort: Auch wir wollen im Namen Gottes zu den Menschen gehen und mit den Lasten und Leiden, Sünden und Sorgen der Menschen zu Gott gehen.

Wir wollen uns mit dem Willen Gottes einsmachen und zu Menschen gehen, uns mit den Nöten der Menschen einsmachen und zu Gott gehen.
Unsere Antwort auf Jesu Himmelfahrt: Königlich frei wollen wir sein und nur noch einem Herrn folgen, priesterlich sinnvoll wollen wir unser Leben als ein Dankopfer verschenken, prophetisch klar wollen wir leben und Gottes Liebe hineintragen in die Ängste der Menschen und die Schuld der Menschen in die Barmherzigkeit Gottes bringen.
So wird das Leben mehr und das Sterben weniger. Die Verlustangst wird aufgesogen durch den Empfang des Trösters. Aus der Vollendung Jesu am Thron Gottes wachsen uns Hoffnung und Mut für das Leben auf der Erde. Der Abschied Jesu eröffnet uns eine neue Zukunft. Denn der Aufgefahrene ist auch der Wiederkommende. Und jeder Tag zwischen Himmelfahrt und Wiederkunft Jesu ist ein Tag des Herrn – voller Hoffnung und Freude. Unsere Tage kommen von Jesus her und sie zielen auf ihn hin. So stehen wir unter dem fröhlichen, beglückenden Aber Jesu: *Aber der Tröster, der wird euch alles lehren!*

Haltet an am Gebet

Seid beharrlich im Gebet und wacht in ihm mit Danksagung. Betet zugleich auch für uns, dass Gott uns eine Tür für das Wort auftue und wir das Geheimnis Christi sagen können, um dessentwillen ich auch in Fesseln bin, damit ich es offenbar mache, wie ich es sagen muss. Verhaltet euch weise gegenüber denen, die draußen sind, und kauft die Zeit aus. Eure Rede sei allezeit freundlich und mit Salz gewürzt, dass ihr wisst, wie ihr einem jeden antworten sollt.

(Kolosser 4,2-6)

Paulus sagt: *Seid beharrlich!* und meint: „Fahrt fort!“ Das Verharren im Gebet ist das Fortfahren im Leben. Wenn wir immer wieder einmal verharren, anhalten mit unserem Rennen und Jagen, Hetzen und Hasten, Timen und Trimmen, Kuren und Küren, wenn wir immer wieder einmal Einkehr halten bei Gott und zum Gebet finden, fahren wir fort im Leben. Und wenn wir immer nur fortfahren mit Arbeiten und Sorgen, Krampfen und Kämpfen, werden wir mit unserem Leben stehenbleiben. Wer am Gebet dranbleibt, macht Fortschritte im Leben. Und wer immer weiter von Gott fortschreitet, bleibt auf der Stelle stehen.

Das Reiz- und Modewort unserer Zeit heißt Zerstreuung. Eine ganze Welt und die Industrie machen sich auf, um den Menschen zu zerstreuen,

seine Gedanken und Kräfte, seine Seele und seine Gesundheit, sein Geld und seine Ziele. Alles wird zerstreut, zerfleddert und zerrissen. Durchlöcherte Seelen, verwirrte Sinne, unkonzentrierte Menschen, zerbrochene Ehen, auseinanderlaufende Familien, psychische Krankheiten sind die Folgen. Wer sich immer nur zerstreut, kann niemals eins werden mit dem Leben.
Die Bibel nennt ein anderes Stichwort: Sammlung. Die Bibel möchte uns anreizen, unsere Gedanken zu sammeln, die Sinne auf den, der das Leben ist, zu versammeln, die Gaben und Kräfte unseres Leibes und der Seele zu konzentrieren auf ein großes Ziel. Unsere Blicke und Ohren, unsere Hände und Füße, unsere Pläne und Vorhaben können wir versammeln bei Gott. Wir Menschen kommen zusammen zur Versammlung der Gemeinde, sitzen als Familie um einen Tisch. Da ereignet sich Leben: wo Menschen und Sinne, Kräfte und Möglichkeiten versammelt sind.
Wir wollen gegen die Torheit der Zerstreuung gesammelt leben.
Unsere Freude und Dankbarkeit, unsere Hoffnungen und Erwartungen, aber auch die Sorgen und Nöte, Schmerzen und Leiden, die durchwachten Nächte und durchkämpften Tage, die bangen Fragen um Zukunft und Welt, Familie und Gesundheit bringen wir zusammen und tragen sie zu Gott, damit er seine starke Hand darauf legt.

In einer alten, einklassigen Dorfschule gab es eine Schulinspektion. Der Schulrat kam und fragte die

Schüler nach dem Lernstoff der letzten Zeit. Alle brachten ihre Lektionen vor. Vorne in der ersten Bank saß die kleine Tochter des Lehrers. Sie ging noch gar nicht in die Schule, aber sie saß aufmerksam dabei. Zum Schluss fragte der Schulrat aus Spaß das kleine Mädchen: „Und was lernst du?“ Sie antwortete: „Ich lerne das Stillesein.“
Das ist eine wichtige Lektion im Leben: still sein und horchen, wachen und empfänglich leben. Wir können nur reden und handeln, wenn wir gehört und empfangen haben.

Ein Gebetsleben ist ein Leben des Stillwerdens und Gesammeltseins. Dazu ist es nötig, dass wir uns immer wieder zurückziehen. Es gibt einen fatalen Rückzug in die Resignation, der nichts mehr erwartet und hofft, der auf die böse Welt und die schlechten Menschen, auf die Schwierigkeiten und Ohnmachten starrt. Aber es gibt auch einen positiven, guten Rückzug, eine Rückbesinnung auf die Kraftquelle des Lebens.
Warum zieht man einen Pfeil, der von einem Bogen nach vorn abgehen soll, zurück? – Nur im Rückzug bekommt der Pfeil die Wucht und Kraft nach vorne. Warum ziehen sich Menschen, die nach vorne Kraft und Zukunft, Hoffnung und Dynamik haben wollen, immer wieder in die Stille und das Gebet zurück? Weil sie nur dort die Kräfte und den Schwung, die Hoffnung und Ausdauer empfangen. Wer für einen neuen Tag oder eine neue Woche Kraft und Liebe, Geduld und Mut braucht, wird still vor Gott und zieht sich zu ihm zurück.

Der nächste Schritt wäre dann das Einswerden mit Gott im Gebet. Wir ziehen uns nicht zurück, nur um Ruhe zu haben, sondern um einem Herrn persönlich zu begegnen. Wir wollen uns in unserer ganzen Lebenssehnsucht einsmachen mit Jesu Lebensfülle. Jeder hat ein Herz, das nach Leben schreit, eine Seele, die Geborgenheit ersehnt, einen Kopf, der über Zukunft nachdenkt. Mit diesem Bedarf gehen wir zu Jesus und machen uns mit ihm eins.

Bodelschwingh hat aus seiner Kindheit eine kleine Begebenheit erzählt. Seine Schwester und ihn packte eines Abends im Kinderzimmer die Angst vor der Dunkelheit und dem Alleinsein. Sie dachten an den Vater und sein warmes, gemütliches Studierzimmer. So nahmen sie sich bei der Hand, liefen angsterfüllt über die dunklen Flure in das Arbeitszimmer des Vaters. Als sie dann dort in das Licht und die Wärme beim Schreibtisch des Vaters eintauchten, war alle Angst verflogen. Als der Vater fragte, was sie wollten, antwortete Bodelschwingh: „Vater, wir wollten einfach nur bei dir sein ...“

Gebet ist, wenn wir mit unserer Lebenssehnsucht bei dem sind, der das Leben ist. Gebet ist das Einswerden mit Jesus. Gebet ist tiefer, reicher und umfassender als der Schrei eines Ertrinkenden nach einem Rettungsring. Gebet ist der Treffpunkt von Liebenden. Gebet ist nicht nur, dass wir Gott in den Ohren liegen, sondern dass wir ihm in den Armen liegen. Jesus streckt seine Arme aus und

wirbt und lockt uns mit unendlicher Liebe. Und wir werfen uns mit unserer ganzen Lebenssehnsucht in seine Arme und sagen: „Herr, ich will einfach bei dir sein!" Das ist Gebet.
Ein solch tiefes Gebet braucht keine Ekstase und Verzückung, kein Schreien und Machen, keine Mimik und Gestik. Wir reden einfach wie Kinder mit unserem Vater.

Martin Buber erzählt eine kleine Geschichte: Ein Junge sah einst einen berühmten Rabbi beten. Voller Verwunderung kam er zum Vater gelaufen und fragte ihn, wie solch ein großer Gottesmann ganz ruhig und schlicht ohne alle Verzückung und Ekstase bete. Der Vater erklärte es ihm mit einem Schwimmer. Wer nicht gut schwimmen kann, muss im Wasser zappeln und machen, um sich über Wasser zu halten. Der vollkommene Schwimmer aber legt sich ruhig auf die Flut und sie trägt ihn. – Der geübte Beter macht sich eins mit Jesus.

Wer immer nur fortfährt mit seinen Gedanken und Plänen, bleibt im Leben stehen. Wer aber fortfährt im Gebet, kommt weiter. Stillewerden, sich zurückziehen und sich eins machen mit Jesus sind die Schritte dazu. Gott lädt uns ein in ein Leben, das zu einem Gebet wird. Die Tür zu Gott ist offen. Machen wir die schönste und wichtigste Reise zum Thron Gottes. Das ist ein wichtiger Fortschritt im Leben.

Zweitens sagt Paulus: *Wachet im Gebet mit Dank-*

sagung! Normalerweise sagt man zu Menschen, die beten, sie seien konservativ, am Alten hängend oder, etwas freier übersetzt, eingeweckt. Vielfach hat man dieses Bild von den Frommen, dass sie im Einmachglas ihres Glaubens eingeweckt und steril leben. Paulus sagt etwas ganz anderes: Glaubende und betende Menschen sind nicht eingeweckt, sondern aufgeweckt. Betende Menschen sind wach, erweckt zum Leben und Handeln. Paulus meint, dass wir im Gebet darüber wachen, dass unser Leben nicht zu einem Haben und Handhaben von Gütern, einem Erbitten von Dingen, einem Flehen um Erfüllung unserer Wünsche entartet, sondern dass es wach bleibt in der Danksagung. Wir liegen Gott nicht in den Ohren mit unseren törichten Wünschen, sondern wir legen uns Gott hin als Dank. Das ist die Urform des Gebets, dass sich Menschen als Dank für die Barmherzigkeit Gottes Gott ganz und gar schenken.

In einer fränkischen Zeitung stand eines Tages folgende Anzeige: „Ich danke Gott und dem Opelfahrer, der mir am ... auf der Bundesstraße ... durch sein geschicktes Ausweichen das Leben gerettet hat." Drei Tage später erschien an der gleichen Stelle eine neue Anzeige. Sie lautete: „Schwein gehabt. Der Opelfahrer." Zwei ganz verschiedene Lebensstile. Der eine: Ich danke Gott und dem Menschen. Der andere: Schwein gehabt. Soll unser Leben unter der Überschrift stehen „Noch mal Glück gehabt", oder soll unser ganzes Leben ein einziger Dank an Gott sein. Wachen wir darüber, dass unser

Leben ein Gebet und unser Gebet ein Dank und unser Dank eine letzte Hingabe wird. Wachen wir darüber, dass unser Leben nicht auf die Stufe von „Schwein gehabt“ herabsinkt.

Drittens schreibt Paulus: *Betet zugleich auch für uns, dass Gott uns eine Tür für das Wort auftue.* Die Tür zum Thron Gottes ist immer weit offen. Die Tür zu den Menschen ist seltsam verschlossen. Paulus erinnert uns daran, dass wir im Gebet nicht nur zu Jesus gehen, um Liebe und Freude, Leben und Erfüllung zu genießen, sondern auch, um unsere Weltverantwortung wahrzunehmen. Unser Gebet soll mit dafür sorgen, dass das Evangelium von Christus zu allen Menschen gelangt. Das Geheimnis Gottes, das Geheimnis der Liebe Jesu, das Geheimnis des Glaubens soll offenbar werden. Aber dazu braucht Paulus in seinem schweren Dienst die Gebetsunterstützung der Gemeinden. Die gute Nachricht von Jesus zu den Menschen zu bringen, ist nicht einfach, denn die Menschen stehen oft unter dem Einfluss anderer Mächte und Ideen, Vorstellungen und Weltanschauungen. Es geht um einen geistigen Kampf, den unser Gebet mit beeinflussen kann.

Zwei große Träume vieler Menschen wären so einfach zu verwirklichen. Zum einen möchten die Menschen über sich hinauswachsen. Zum anderen möchten sie die Welt verändern. Das Gebet zu Gott, das Sich-Verwenden bei Gott ist der einfachste Weg über sich hinaus in unbegrenzte

Räume und Dimensionen. Zugleich ist die Fürbitte der beste Weg zu einer wirksamen Veränderung der Welt und ihrer Nöte. Beten wir für eine offene Tür für die gute Nachricht von der Liebe Gottes zum Menschen.

Viertens schreibt Paulus: *Verhaltet euch weise.* Was wir im Gebet von Gott erflehen, dürfen wir nicht durch ein falsches, eigenwilliges Leben wieder verhindern. Wir wollen Gott bitten, dass das Evangelium sich in der Welt ausbreitet, aber wir wollen dann auch so leben, dass die Menschen auf Gottes Liebe Lust bekommen, sich nach seinem Heil ausstrecken. Gott lädt uns ein in die wunderbare Spannung von Leben und Gebet: Unser ganzes Leben sei ein Gebet und unser Gebet sei mit Leben gedeckt und auf den Feldern des Lebens auch praktiziert. Paulus meint: „Lebt so, wie ihr betet, und betet wie ihr lebt." Gebetsleben ist Alltagsleben und Alltagsleben ist Gebetsleben.

Fünftens schreibt Paulus: *Kauft die Zeit aus!* Er möchte uns nicht antreiben und auffordern, schneller und effektiver zu arbeiten und zu planen. Paulus lädt uns ein, die kostbare Lebenszeit, die wir ja nur einmal haben, mit den wichtigen Dingen zu füllen, damit die Tage und Jahre nicht leer und unerfüllt bleiben. Zeit ist Leihgabe Gottes, ist gestundete Zeit und wird eines Tages zurückgenommen. Die wichtigste Frage ist nicht, wie lange sie dauert, sondern womit sie gefüllt ist. Unsere Lebenszeit müssen wir mit Leben füllen. Viele

Menschen suchen das Leben, aber sie halten sich an tote Dinge. Wenn wir uns jeden Tag und jede Stunde an den Lebendigen halten, gibt es für uns keine verlorene, leere Zeit. Auch die schweren Zeiten in einem Leben, Krankheitszeiten, Trauerzeiten, Krisenzeiten, werden dann erfüllte Zeiten, in denen wir ausreifen und Erfahrungen der Tiefe machen. Auch stille Zeiten, in denen wir uns zurückziehen, sind dann keine toten Zeiten, sondern lebendige Begegnung mit Gott selbst.

Paulus krönt seinen Strauß von Ermunterungen mit dem Satz: *Eure Rede sei allezeit freundlich und mit Salz gewürzt!* Man denkt an eine wunderbare Suppe, die köstlich duftet und auch schmeckt, wenn sie richtig gesalzen ist. In die wunderbare Suppe der Liebe gehört immer das Salz der Wahrheit. Eine Suppe ohne Salz ist fade. So sind Menschen, die lieb sein wollen ohne das Salz der Wahrheit. Aber das Salz ohne Suppe ist ungesund und tut in den Wunden des Lebens sehr weh. Liebe ohne Wahrheit ist eine fade Suppe. Wahrheit ohne Liebe ist schmerzlich und ungesund. Nur in der Spannung von Liebe und Wahrheit ist richtiges Leben. Unser Reden mit Gott darf ehrlich sein, weil er die ganze Wahrheit mit der starken Liebe verbindet. So muss auch unser Reden miteinander verwandelt werden durch Liebe und Wahrheit. Wir brauchen uns nicht verlogen den Honig der Liebe um den Bart schmieren. Aber wir dürfen uns auch nicht lieblos das Salz der Wahrheit in die Wunden streuen.

Verharrt im Gebet, dann fahrt ihr fort im Leben. Seid nicht eingeweckt, sondern aufgeweckt zum Leben als Dankopfer. Tretet bei Gott ein für eine offene Tür zu den Menschen. Lebt, wie ihr betet. Füllt die Zeit mit Heil und Leben, und redet miteinander, wie Gott es mit euch tut, voller Liebe und Wahrheit! Große Dinge, die wir mit kleinen Schritten versuchen wollen.

Der Mantel und die Bücher

Beeile dich, dass du bald zu mir kommst. Den Mantel, den ich in Troas ließ bei Karpus, bringe mit, wenn du kommst, und die Bücher, besonders die Pergamente.

(2. Timotheus 4,9.13)

Es ist der Herbst des Jahres 67 n. Chr. Der Winter kommt. Es wird kalt. Paulus sitzt in Rom im Gefängnis. Er hat ein reiches Leben hinter sich und einen schweren Weg in den Märtyrertod vor sich. Paulus hat Sehnsucht nach seinem Schüler und Freund, Mitarbeiter und Vertrauten Timotheus. „Komme bald", schreibt Paulus. *Den Mantel, den ich in Troas ließ bei Karpus, bringe mit, wenn du kommst, und die Bücher, besonders die Pergamente.* Paulus braucht beides: den Mantel für den Leib, wenn es kalt wird, und die Bücher für den Geist, wenn es schwer wird zu leben und zu glauben, zu arbeiten und zu beten.
Der Mantel ist ein Symbol für Wärme, Schutz und Bewahrung. Die Bücher bedeuten Anregungen, Trost und Erkenntnis. Der Mantel kann von außen zudecken, die Bücher können von innen beleben. Darum schreibt Paulus: *Den Mantel bringe mit und die Bücher!*
In dieser kurzen Bitte ist, was Menschen zum Leben brauchen, umschrieben. Wir brauchen einen Mantel von außen gegen die Kälte in der Welt und

Bücher, die den Geist von innen erwecken. Wir brauchen Wärme und Erkenntnisse.
Den Mantel gibt es in den verschiedensten Stoffen und Farben: eine Einladung zum Kaffee, ein Nachhausebringen, eine Stunde Zeit, eine Blume oder Hilfe, ein Anruf oder ein gemeinsamer Spaziergang. Wir alle brauchen den Mantel, den äußeren Schutz und Trost, der oft ohne Worte auskommt, einfach da ist, die Hand leiht und das Ohr öffnet, Wärme spendet, Liebe schenkt, Freundlichkeit ausstrahlt.
Und dann brauchen wir die Worte zum Leben, die Bibel und andere gute Bücher, die uns mit guten Gedanken zum Leben und Glauben, zum Beten und Aushalten, zum Reifen und Wachsen helfen.
Gott hat immer beides für uns, den Mantel der Liebe und die Worte des Lebens. Gott weiß, dass wir beides brauchen, den Schutz von außen und die Erweckung von innen. Und Paulus weiß, das er den Winter und die Kälte im Gefängnis, aber auch die Verhöre und den Glaubenskampf nicht überstehen wird, wenn Timotheus nicht beides mitbringt, den Mantel und die Bücher.

Der Mathematiker Gauß lag schwer krank zu Bett, als er zu seiner Tochter sagte: „Decke mich warm zu und gib mir die Bibel!“ – Wohl uns, wenn einer da ist, der uns von außen zudeckt, uns mit dem Schutzmantel der Liebe umgibt und uns die Worte des Lebens reicht und zuspricht.

Ganz am Anfang der Bibel wird erzählt, dass sich die Menschen, als sie in Schuld und Sünde gefallen waren, plötzlich ihrer ganzen Blöße und Nacktheit bewusst wurden. Vor Gott und vor einander waren sie bloßgestellt und ausgezogen und sie schämten sich. Gott gab ihnen in seiner behutsamen Fürsorge beides, das Wort der Verheißung von Rettung und Erlösung und die Bekleidung aus Fellen. Der nackte, bloßgestellte Mensch wird von Gott sorgsam eingekleidet, mit dem Mantel der Liebe umhüllt und mit den Worten des Lebens getröstet. Schon hier wird angedeutet, was sich später in Jesus zeigt: Gott kleidet die nackte und bloße Wahrheit über den Menschen, dass er ein Verfluchter und Schuldiger, ein Mörder und Lügner ist, in die Liebe und den Mantel der Gerechtigkeit ein.

Auch im Gleichnis vom verlorenen Sohn wird erzählt, dass der Vater den heimkehrenden Jungen mit Worten der Vergebung und mit dem Kleid des Sohnes empfing. Das Wort und die Kleidung machten den Schuldigen wieder zum Sohn im Hause des Vaters.
Das gehört in der Fürsorge Gottes immer zusammen: Wärme, die von außen einhüllt, und Worte, die von innen beleben, Schutz für den Leib und Worte für den Geist, Mantel der Liebe und Worte des Lebens.

Wem können wir, wenn es kalt wird, einen Mantel – etwas Wärme, einen Schutz, eine Freundlichkeit, eine Geste der Versöhnung – mitbringen? Und wem können wir Bücher – Worte, Zuspruch, Trost und Ermutigung – schenken? Auch in unserem

Lebenskreis leben Menschen wie Paulus. Sie sitzen nicht in einer Gefängniszelle mit Eisenstäben und Metalltüren, aber sie sitzen im Gefängnis ihrer Angst. Sie sitzen in der Zelle ihrer Trauer, hocken hinter dicken Mauern von Einsamkeit und Sorge. Oder sie haben sich selbst eingesperrt in das Verließ ihrer Schuld. Sie leiden darunter und haben Sehnsucht nach Hilfe. Es gibt Menschen, die uns wie Paulus bitten: „Komme bald und bringe den Mantel und die Bücher mit!"
Sie brauchen einen Menschen, eine Hand, etwas Wärme, Verstehen, Nähe und Hilfe. Und Worte, Worte der Lösung und Erlösung durch Jesus Christus, der das alles getragen und überwunden hat. Worte des Trostes, die der lebendige Gott uns sterblichen Menschen sagen lässt.

Wir Eltern wollen unseren Kindern Worte des Lebens sagen. Wir Kinder wollen unseren alt gewordenen Eltern bei einem Besuch oder in einem Brief Mut zusprechen. Mann und Frau können sich Worte der Liebe und Versöhnung sagen. Freunden, Nachbarn, Kranken und Sterbenden wollen wir ein Zeichen der Liebe und ein Wort von Jesus, dem Lebendigen, bringen.
Sicher denkt mancher: „Ich habe selbst nur einen Mantel und bin nur notdürftig bedeckt!" – Eine Frau sagte: „Ich möchte gerne für andere Menschen da sein, aber ich habe so viel Last mit mir selbst." – Wenn wir nur einen Mantel haben, der gerade für uns reicht, wollen wir vom Heiligen Martin lernen, der seinen einzigen Mantel mit einem Bedürftigen

teilte. Das ist das Geheimnis der Liebe, dass sie sich vermehrt, wenn man sie verschenkt. Wie viele Wunden, Sorgen, Ängste und Einsamkeiten treiben uns um. Und dennoch wollen wir Gottes Liebe weitergeben. Der Mantel, den wir mit einem anderen teilen, wird uns dann um so mehr bedecken. Auch wenn wir selbst in Not, Trauer, Einsamkeit und im Gefängnis irgendeiner Schuld sitzen, wollen wir doch gehen und darauf vertrauen, dass das, was wir verschenken, auch für uns reicht.
Denn irgendeiner bittet auch uns: *Den Mantel bringe mit und die Bücher!*

Letztlich sind Mantel und Bücher eins. Wir haben gesehen, dass Worte wie ein Mantel sein können. Und ein Mantel ist oft ein Wort der Liebe. Man kann Menschen mit Worten ausziehen und bloßstellen. Wir haben eine Redensart, die das bis in die Sprache hinein deutlich macht, wenn wir etwa sagen: „An jemandem keinen guten Faden lassen." Worte können verletzen, kränken, ausziehen, bloßstellen. Und Worte können zudecken, einhüllen und wärmen. Wir können einander mit guten Worten, Worten der Liebe und des Trostes, Worten der Ermutigung und Hoffnung schützen und bergen.

So sind die Bilder aus der Bibel gemeint: Gott schenkt uns den Mantel der Gerechtigkeit, Kleider des Heils, das Gewand der Freude. Man kann einander die Wahrheit wie ein nasses Tuch um die Ohren hauen, und man kann die Wahrheit wie einen Mantel hinhalten, in den der andere hineinschlüpfen kann. Von Gott wollen wir beides lernen: das Aufdecken in Wahrheit und das Zudecken in Liebe. Den Mantel der Liebe bietet uns Gott an. Und in dem Wörtchen Liebe fallen die beiden Dinge zusammen: der Mantel und die Bücher. Beides ist Liebe. Und diese Liebe brauchen Menschen zum Leben.

Schon vollbracht - noch nicht erfüllt

Der Herr verzögert nicht die Verheißung, wie es einige für eine Verzögerung halten; sondern er hat Geduld mit euch und will nicht, dass jemand verloren werde, sondern dass jedermann zur Buße finde. Es wird aber des Herrn Tag kommen wie ein Dieb; dann werden die Himmel zergehen mit großem Krachen; die Elemente aber werden vor Hitze zerschmelzen, und die Erde und die Werke, die darauf sind, werden ihr Urteil finden.
Wenn nun das alles so zergehen wird, wie müsst ihr dann dastehen in heiligem Wandel und frommem Wesen, die ihr das Kommen des Tages Gottes erwartet und erstrebt, an dem die Himmel vom Feuer zergehen und die Elemente vor Hitze zerschmelzen werden. Wir warten aber auf einen neuen Himmel und eine neue Erde nach seiner Verheißung, in denen Gerechtigkeit wohnt.
(2. Petrus 3,9-13)

Das war der Ausgang: *Das Wort ward Fleisch und wohnte unter uns. (Johannes 1,14)* Und das ist die Vollendung: *Er wird bei ihnen wohnen, und sie werden sein Volk sein, und er selbst, Gott mit ihnen, wird ihr Gott sein. (Offenbarung 21,3)*
Es begann in der Krippe, im Stall von Bethlehem, am Kreuz von Golgatha. Und es endet am Thron Gottes. Es war ein einziges Gehorchen und Dienen, Leiden und Sterben. Und es wird ein einziges

Herrschen, Siegen und ewiges Leben sein. Einst wurde es am hellen Tag finster, als die Sonne die Grausamkeit nicht mehr ansehen mochte und ihren Schein verlor. Einst wird es mitten in der Nacht hell sein und wir werden das Licht der Sonne nicht brauchen, denn Gott selbst wird uns leuchten. Einst rief der leidende Gottesknecht: *Es ist vollbracht! (Johannes 19,30)* Einst ruft der strahlende Gottesheld: „Es ist alles erfüllt!"
Die letzte Erfüllung und höchste Vollendung der Herrschaft Gottes steht noch aus. Gott hat sie fest versprochen und wartet mit brennender Sehnsucht darauf, sie zu gewähren. Die Gemeinde glaubt sie fest und wartet mit eben derselben Sehnsucht darauf, sie zu empfangen.
Der Herr verzögert nicht die Verheißung. In der Sehnsucht nach dieser Vollerfüllung sind Gott und seine Gemeinde eins. Gottes Wille und die Erwartung der Gemeinde haben ein Ziel. *Es wird aber des Herrn Tag kommen.*
Den Tag, an dem Jesus auferstand und über Tod und Gericht, Schuld und Verlorenheit Herr wurde, nannten die Christen: Tag des Herrn. Den Tag, an dem Jesus wiederkommen und alles erfüllen und vollenden wird, nennen wir ebenso: Tag des Herrn. Jeder Tag zwischen Ostern und Wiederkunft ist ein Tag des Herrn. Alle Tage unseres Lebens zielen auf einen Tag und einen Herrn. Jeder Tag ist von daher ein Christtag. Jeder Tag gehört ihm. Jeden Tag gilt es, ihm zu leben, zu gehören und zu gehorchen. Unsere Arbeitstage, Ruhetage, Leidenstage, Freudentage, Urlaubstage, Geburtstage, Krankheitstage

und selbst Todestage sind Tage des Herrn. Von ihm haben wir sie empfangen, von ihm werden sie erfüllt, von ihm geborgen und aufgehoben. Jeder Tag ist ein Tag des Herrn. Darum wollen wir die Tage wach und hell, klar und nüchtern leben.
Dass noch Tage sind bis zu dem einen Tag, bedeutet: Gott hat Geduld mit uns. Wenn es noch Tage gibt, bleibt nur eine Aufgabe: sie zu erfüllen mit Wachsen und Reifen. Gott lässt uns noch Zeit und Raum zur Umkehr. So wollen wir die Tage füllen mit Buße und der liebevollen Bemühung um unsere Mitmenschen. An die Stelle der Angst vor einer dunklen Zukunft, an die Stelle des Pessimismus, der Verneinung und Abwehr sollte die positive Bemühung um einzelne Menschen treten. Denn Gott will nicht, dass auch nur ein Einziger verloren geht und das Leben verfehlt.
Die moderne Welt denkt global und pauschal. Sie entwickelt Pläne für das Ganze und sieht die großen Zusammenhänge einer dicht gedrängten Menschheit. Der Mensch wird zu einem berechenbaren Faktor eines riesigen Systems. Gott aber sieht den einzelnen Menschen mit seiner persönlichen Lebensgeschichte. So wollen wir die Tage füllen, indem wir Gottes Willen erfüllen: einzelne Menschen einladen zur Umkehr. Wir wollen den mühevollen Weg zum Herzen einzelner Menschen gehen und sie mitnehmen auf den Weg der Nachfolge.
Aus der ganz persönlichen Bewahrung in der unendlichen Geduld Gottes soll die Bewährung in der geduldigen Bemühung um einzelne Menschen wachsen. Nicht große Programme und globale

Missionsstrategien, sondern geduldige Treue einzelner Christen im Einswerden mit anderen Menschen sind erforderlich. Für jeden Einzelnen hat Jesus alles vollbracht, für jeden Einzelnen wird er wiederkommen. Darin ist unsere Verantwortung für jeden Einzelnen begründet. *Gott will nicht, dass jemand verloren werde, sondern dass sich jedermann zur Buße finde.* Wir wollen damit persönlich beginnen und andere persönlich mitnehmen. Das ist Gottes Wille für die Tage, die noch bleiben.

Und wenn dann alles zu Ende geht, der Kosmos ins Wanken gerät, die Elemente zerschmelzen und alles verbrennen wird, dann wird Gott das Unzerstörbare, Bleibende, Unverbrennbare in die Vollendung hineinretten. Jesus und sein Wort lassen keinen Zweifel daran, dass die Welt im Zerbruch endet. Aber die Konsequenz daraus heißt: Wenn alles zerbricht, wollen wir uns aufbauen lassen für Gott, wenn alles zu Ende geht, wollen wir anfangen, richtig zu leben, wenn alles aufgelöst wird, wollen wir vom Vergänglichen gelöst an das Bleibende gebunden sein. Das heißt: nur noch so leben, dass wir überleben, nur noch das haben wollen, was nicht vergeht, nur noch das tun, was nicht mit verbrennt. „Wie müsst ihr da geschickt sein im heiligen Wandel und gottesfürchtigen Tun?!"

Richtig leben und damit überleben wäre dann: nur noch das wollen, tun, erstreben und verwirklichen, wozu uns Gott schickt. Geschickt ist nicht unsere Qualität und Lebensfertigkeit, sondern das einseitige sich nach Gottes Willen Einrichten. Heiliger

Wandel ist ein Leben, das sich ganz und gar und ohne Vorbehalte von Gott schicken lässt. Geschickt sind wir, wenn die Menschen hinter unserem Leben, Tun, Denken und Reden den lebendigen Herrn und seine Ziele mit Menschenkindern erkennen können.
In allen Bereichen des Lebens, in allen Begegnungen und Situationen gilt es darum, sich von Gott und seinem Willen bestimmen zu lassen. Heiliger Wandel ist ein von Gott beschlagnahmtes, gebrauchtes aber auch bewahrtes Leben. Wer sein Leben bewahren will, wird die bewahrende Kraft verlieren. Wer es aber zur Bewahrung anderer einsetzt und hingibt, wird darüber selbst in der Liebe Gottes bewahrt bleiben.
Diese Lebenshaltung kennt eigentlich nur noch eine Sorge und Furcht: den Willen Gottes zu verfehlen. Allein diese positive, das Leben entfaltende Sorge um Gottes Willen wäre imstande, die negative, das Leben zerfressende Heidenangst zu überwinden. Kein Mensch wird die Angst vor der Minderung und dem Verlust des Lebens bewältigen, indem er die Angst verdrängt, klein macht oder überspielt. Nur eine größere, bessere Furcht könnte diese Angst aufsaugen und in lebensfördernde Kraft verwandeln: die Ehrfurcht vor Gott. Die Sorge um die Erfüllung des göttlichen Willens könnte die Sorge um die Verwirklichung des eigenen Lebens nicht nur überholen, sondern das Leben tatsächlich restlos und positiv erfüllen. Was gäbe es Größeres als ein Leben, mit dem Gott zu seinem Ziel und zur Erfüllung seiner Wünsche kommt? Darin sind

unsere törichten Wünsche allemal aufgehoben und unsere guten mehr als erfüllt.

Unser Leben vollzieht sich unter der Spannung von „*Es ist vollbracht.*“ einerseits und „Es ist noch nicht vollendet.“ andererseits. Das bedeutet: Wir haben noch zu leben und zu handeln nach Gottes Willen und für sein Ziel. Gott hat noch Zeit und möchte sie durch seine Gemeinde ausgekauft sehen. Genau dieser Spannung entspricht auch das Warten und Eilen der Christen.
Warten heißt: Wir können gar nichts tun.
Eilen heißt: Wir haben noch so viel zu tun.
Warten heißt: Gott selbst muss alles vollenden.
Eilen heißt: Wir selbst müssen den ganzen Willen Gottes erfüllen.
Warten heißt: stille sein und Gott wirken lassen.
Eilen heißt: kämpfen und für Gott Frucht wirken.

Warten auf Gottes Weisung, auf Gottes Kraft, auf Gottes Stunde und eilen, sie zu erfüllen und auszuleben, diese Spannung wollen wir aushalten. In der Bewahrung warten wir auf Gottes Stunde und in der Bewährung eilen wir, solange noch Zeit ist. Wir dürfen die Spannung zwischen Ruhen in Gott und Warten auf sein Heil; Kämpfen für Gott und Eilen zu den Menschen nicht auflösen. Weder ein falscher Quietismus noch ein verkrampfter Aktivismus bringen die Gemeinde weiter. Die Gelassenheit des Wartens darf nie zur Lässigkeit des Lebens entarten. Das eilende Mühen darf nie zur besinnungslosen Hektik werden.

Jesus ist der Herr, und wir haben alles in ihm. Das macht uns ruhig und geborgen. Aber gerade deswegen gehorchen wir mit erhöhter Wachsamkeit seiner Anweisung, bis er kommt. Gott führt seine Gemeinde und die Geschichte sicher zum Ziel, darauf können wir ruhig warten. Aber gerade deswegen haben wir Kraft, in seinem Namen zu Menschen zu eilen. Über dem Ruhen in Gott wollen wir die Zeit der Aufgaben nicht verschlafen und bei allem Tun das stille Warten und Horchen nicht versäumen.
Unser Warten ist mehr als Zeit verstreichen lassen, unser Warten ist restlos ausgefülltes Handeln und unser Eilen ist zielgerichtetes Leben. Unser Warten und Eilen, unser Sehnen und Handeln, unser Hoffen und Erfüllen hat einen sicheren Grund: Gott wartet auf uns. Auch Gott hat nur eine Sehnsucht, die nach Vollendung der Gemeinde.
Das ist die Aufgabe der Christen: sich in ihrer Sehnsucht nach Gottes Macht und seinem endgültigen Sieg einszumachen mit Gottes Sehnsucht nach den Menschen und ihrem Heil. Das Einswerden mit Gott in der Sehnsucht nach Erfüllung und das Einswerden mit den Menschen in der Erwartung des Heils ist unsere Bewahrung und Bewährung zugleich. Gegen alle Müdigkeit und Resignation, gegen alle düsteren Prognosen, gegen alle Angst und Hoffnungslosigkeit gilt: Gott wartet in Liebe auf uns, und wir warten auf sein Erscheinen und eilen, Frucht zu bringen.

Das bessere Leben

Danach sah ich, und siehe, eine große Schar, die niemand zählen konnte, aus allen Nationen und Stämmen und Völkern und Sprachen; die standen vor dem Thron und vor dem Lamm, angetan mit weißen Kleidern und mit Palmzweigen in ihren Händen, und riefen mit großer Stimme: Das Heil ist bei dem, der auf dem Thron sitzt, unserem Gott, und dem Lamm!
Und alle Engel standen rings um den Thron und um die Ältesten und um die vier Gestalten und fielen nieder vor dem Thron auf ihr Angesicht und beteten Gott an und sprachen: Amen, Lob und Ehre und Weisheit und Dank und Preis und Kraft und Stärke sei unserm Gott von Ewigkeit zu Ewigkeit! Amen.
Und einer der Ältesten fing an und sprach zu mir: Wer sind diese, die mit den weißen Kleidern angetan sind, und woher sind sie gekommen? Und ich sprach zu ihm: Mein Herr, du weißt es. Und er sprach zu mir: Diese sind's, die gekommen sind aus der großen Trübsal und haben ihre Kleider gewaschen und haben ihre Kleider hell gemacht im Blut des Lammes.
Darum sind sie vor dem Thron Gottes und dienen ihm Tag und Nacht in seinem Tempel; und der auf dem Thron sitzt, wird über ihnen wohnen. Sie werden nicht mehr hungern noch dürsten; es wird auch nicht auf ihnen lasten die Sonne oder irgendeine

Hitze; denn das Lamm mitten auf dem Thron wird sie weiden und leiten zu den Quellen des lebendigen Wassers, und Gott wird abwischen alle Tränen von ihren Augen.

(Offenbarung 7,9-17)

Tief in allen Menschen wohnt die Sehnsucht nach heilem Leben. Den Traum vom besseren Leben, den Wunsch, dass einmal alle Menschen zufrieden, glücklich und fröhlich leben können, haben wir alle.

Die Märchen, die wir unseren Kindern erzählen, sind ein Ausdruck dieses Traumes. „Tischlein deck dich" ist der Wunsch, es möchte für alle Menschen und für alle Zeiten immer ein Tisch gedeckt sein, an dem alle satt werden können.

Das Märchen vom gestiefelten Kater, in dem ein armer Müllerssohn zu einem König wird, ist der Traum des Menschen, vom königlichen Geschlecht zu sein, aus Armut und Unterdrückung herauszuwachsen und königlich reich und frei zu leben.

Das schöne Märchen „Rapunzel" erzählt, wie der mit Blindheit geschlagene Bräutigam durch die Tränen seiner Braut wieder sehend wird. Tränen der Liebe schenken ihm das Augenlicht. Das ist der Traum des Menschen, dass eine sich opfernde Liebe den Menschen von seiner Blindheit befreien könnte.

Die Sehnsucht nach Fülle, den Traum von der Vollkommenheit haben wir tief in uns. Aber wir fürchten, es sei nur ein Traum. Denn die Wirklichkeit, die uns umgibt, ist doch ganz anders: Hunger und

Armut, Blindheit und Egoismus, Hass und Gemeinheit.

Mancher mag auch über die Vision des Johannes gedacht haben: ein schöner Traum. Johannes sieht eine Gemeinde, die so groß ist, dass sie niemand zählen kann. Wir denken an die kleine Schar von Christen, an ihre kleine Kraft, an ihren bedrängten und bedrohten Glauben. Wir denken daran, dass wir eine Minderheit sind, sehr wohl zu zählen und enttäuscht, dass es nicht mehr werden wollen.
Johannes sieht, dass Menschen aus allen Nationen, Stämmen, Völkern und Sprachen vor dem Thron eins werden und im Frieden miteinander leben. Und dann sehen wir, was in unserer Welt an Hass und Kampf, Streit und Krieg, Herrschsucht und Unterdrückung, Verurteilung und Diskriminierung ist.
Und weiter sieht Johannes, dass die Menschen vor dem Thron angetan sind mit weißen Kleidern, dem Sinnbild der Gerechtigkeit, der Reinheit und des Heils. Und wir denken daran, dass die Kleider, die die Menschen tragen, eben nicht weiß und heil sind. Wir sehen Menschen mit blutbefleckten, dreckigen und zerrissenen Kleidern. Wie oft haben Menschen ihre Kleider vor Wut, vor Scham, vor Zorn, vor Traurigkeit, vor Verzweiflung zerrissen. Und wie oft hat Hass die Umhüllung der Menschen zerrissen und ihre Herzen dazu. Wir sehen Menschen in schwarzen Kleidern der Trauer, und wir sehen Menschen, die gar keine Kleider haben, die irgendwo auf der Straße liegen und ans Ende kommen,

ohne dass einer sie zudeckt. Wir denken an all die Ungerechtigkeit und Bosheit, Angst und Zerrissenheit, die sich hinter diesen Kleidern verbirgt.
Johannes sieht, dass die Menschen Palmen in ihren Händen tragen, Zeichen des Friedens. Und wir sehen, was Menschen in unserer Welt in der Hand haben: Waffen, Geld und Mittel der Macht. Menschenhände sind gemein und schlagen, zwingen und verführen, erdrücken und sündigen. Wir sehen, dass Menschenhände Unfrieden und Streit heraufbeschwören, und denken wehmütig an die Vision vom Frieden.
Und wenn Johannes sagt, dass kein Hunger und kein Durst mehr sein wird, dann denken wir daran, dass in unserer Welt jeden Tag 50.000 Menschen verhungern. Und noch mehr Menschen hungern nach Liebe und Verständnis, nach Geborgenheit und Zuspruch.
Und am Ende heißt es: *Gott wird abwischen alle Tränen.* Dann denken wir an das Meer von Tränen, an die vielen Tränen der Kinder, Erwachsenen und Sterbenden. Wie viele Tränen sind über Menschengesichter gelaufen und niemand hat sie abgewischt. Ist das alles nur ein schöner Traum, zu schön um wahr zu sein?
Die Vision, die Johannes vor uns ausbreitet, ist echte Wirklichkeit. Johannes sagt ausdrücklich: Das Heil ist! Er sagt nicht, es wäre schön, wenn es das Heil gäbe, sondern Johannes sagt: Das Heil ist wirklich. Aber er sagt: Es ist bei dem, der auf dem Thron sitzt und dem Lamm. Es ist nicht bei uns. Wir wollen uns nüchtern eingestehen, dass die

Möglichkeit, Fülle und Vollendung zu erreichen, nicht in uns liegt. Für uns gibt es keine Möglichkeit, diesen Traum Wirklichkeit werden zu lassen, aber Gott hat die Möglichkeit.
Gott hat die Wirklichkeit des Heils, der Gerechtigkeit und des Friedens erkämpft, und zwar auf dem Weg des Lammes. Der Weg des Lammes ist ein Weg des Opferns. Hinter diesem Wort verbirgt sich das Leben Jesu Christi. Er kam in die rauhe Wirklichkeit dieser Welt. Verlassen und einsam war er auf seinen schwersten Wegen. Als er am Kreuz hing und rief: *Mein Gott, mein Gott, warum hast du mich verlassen? (Markus 15,34)*, da war er der Einsamste von allen. Auf diesem Weg in die Einsamkeit und das Sterben erwirbt er als Frucht eine Schar, die niemand zählen kann.

Jesus hatte teil am Hunger der Welt. Als er in der Wüste war, es ihn hungerte und der Teufel ihn versuchte, erlitt er unsere Wirklichkeit. Durch sein Opfer am Kreuz gibt es das Brot und das Wasser des Lebens, von denen man satt werden kann.
Jesus gab die Einheit mit seinem Vater auf und kam hinein in all den Hass und Streit des menschlichen Lebens. Er nahm unsere blutbefleckten, schmutzigen, zerrissenen Kleider an, damit er für uns das Kleid der Gerechtigkeit gewinnen konnte.
Die Tränen, die er im Gebet zu Gott brachte, im Garten von Gethsemane, sind die Tränen einer ganzen Menschheit, und durch diese Tränen wächst als Frucht die ewige Freude.
Und als Jesus den Frieden, die Palme der ewigen

Welt, aus der Hand legte und seine Hände von den Nägeln des Menschenhasses, von den Nägeln der Gemeinheit und der Bosheit durchbohren und ans Kreuz schlagen ließ, war das Ziel, dass unsere Hände einmal Palmen des Friedens tragen können. Als er am Kreuz rief: *Es ist vollbracht! (Johannes 19,30)*, da hat Gott dieses Heil gewirkt. Auf dem Wege des Lammes hat Gott die Vollendung erkämpft und unser Leid, unsere Sünde, unseren Tod, unsere Unvollkommenheit überholt und überwunden. In der Einsamkeit seines Opfers, indem Jesus sich dem Hass und Unfrieden dieser Welt aussetzte, indem er Hunger und Durst litt, seine Kleider abgab und sich zerreißen ließ, da wurde das Heil für uns. Und seit dem Opfer Jesu Christi am Kreuz ist das Heil Wirklichkeit, kein schöner Traum, sondern Wirklichkeit. Aber das Heil ist keine Möglichkeit unseres Herzens, sondern eine Möglichkeit Gottes.

Dann bleibt uns die Frage: Wie können wir Menschen das Heil empfangen? Oder: *Wer sind diese, die mit den weißen Kleidern angetan sind, und woher sind sie gekommen?* – Wie kommen Menschen mit blutbefleckten Kleidern dazu, weiß und rein und heil und ganz zu werden? – *Sie haben ihre Kleider gewaschen im Blut des Lammes. Sie sind gekommen aus großer Trübsal.*

In diesen beiden Sätzen ist angedeutet, wie wir Menschen zum Heil gelangen können. Zum einen, indem wir unsere Kleider hell machen lassen im Blut des Lammes. Damit ist die Vergebung gemeint, die Jesus durch sein Opfer für uns erreicht hat. Die Gerechtigkeit beginnt, wo ein Mensch sich seine Ungerechtigkeit vergeben und sich das Kleid der Vergebung schenken lässt. Hier beginnt die Wirklichkeit des Heils und jeder kann einen Schritt hineintun, indem er seine Schuld und die Verfehlung seines Lebens, die Zerrissenheit und Verwundung seiner Existenz zu Jesus bringt. Das Heil unseres Lebens und dieser Welt beginnt da, wo wir mit den wunden Stellen unseres Lebens zu Gott kommen.

In einer Rheumaklinik teilen sich zwei Menschen das Zimmer und die gleiche schmerzhafte Krankheit: Rheuma. Zusammen kommen sie in den Massageraum, wo der Masseur auf sie wartet. Er beginnt zu massieren und der eine Patient schreit, windet sich und stöhnt vor Schmerzen. Dann geht der Masseur zu dem zweiten Patienten, walkt und knetet. Der liegt ganz ruhig da. Als der Masseur hinausgegangen ist, sagt der eine zum anderen: „Sag mal, tut das bei dir nicht weh?" Der antwortet: „Nein, klug muss man sein, meinst du, ich halte dem das kranke Bein hin?"
Das ist nur auf den ersten Blick klug und gewitzt. Genau gesehen, ist es eine große Torheit, die wunden Stellen nicht zu nennen.
Sind wir so nicht auch Gott gegenüber? Wir zeigen unsere Stärken, wo wir gesund und heil sind, und verschweigen aus Angst vor dem Schmerz die wunden Stellen unseres Lebens. Dabei haben wir einen Herrn, mit dem wir gerade über die wunden Stellen

unseres Lebens reden dürfen. Wie ein guter Arzt redet Jesus offen über die Wunden und heilt sie auch. Wir wollen aufbrechen aus der Gleichgültigkeit, wollen die tiefe Verwundung unseres Lebens erkennen und unter der Hand des Arztes das große Heil empfangen.

Zum anderen sagt Jesus: *Sie sind gekommen aus großer Trübsal.* Damit ist angedeutet, dass die Menschen, um in diese Wirklichkeit hineinzukommen, einen Glaubenskampf zu bestehen haben. Es ist nicht damit getan, Frieden für das eigene Herz zu empfangen. Vielmehr gilt es, die Gerechtigkeit, die wir von Gott zugesprochen bekommen, nun auch in dieser Welt zu leben. Das ist ein Kampf der Bewährung, der auch Tränen und Opfer kostet. Jesus hat gesagt: *Ich sende euch wie Schafe mitten unter die Wölfe. (Matthäus 10,16)* Das ist unsere Aufgabe: Inmitten einer Welt, die sich oft wolfsartig verschlingt und zerreißt, wie Schafe zu sein. Das bedeutet das Opfer unseres Lebens.
Einen Glaubenskampf wollen wir kämpfen, unser Leben einsetzen, mutig nach der Wahrheit und nicht nach der Mehrheit fragen. Wenn die Welt Hass und Streit predigt, wollen wir Worte der Liebe haben und das mit dem Opfer unseres Lebens beglaubigen. In einer Wohlstandsgesellschaft wollen wir ein einfaches Leben versuchen, gegen soviel Ungerechtigkeit wollen wir in unseren Familien gerecht sein, Eltern mit ihren Kindern, Kinder mit ihren Eltern, Männer mit ihren Frauen. In all den schwierig gewordenen Problemen unse-

rer Welt, im Kampf um Tarife und Löhne, Erfolg und Gewinn, wollen wir Menschen des Friedens, Menschen der Gerechtigkeit, Menschen der Barmherzigkeit sein.
Der Glaubenskampf bedeutet das Opfer des Lebens. Aus der großen Trübsal geht es in die ewige Freude. Wir wollen es von Jesus lernen. Es ist immer der Lammesweg, der die Gerechtigkeit, den Frieden und das Heil bewirkt.
So wollen wir uns kindlich abhängig machen von Gott und königlich unabhängig sein von Menschen. Wollen aus aller falschen Anpassung an andere, aus der Angst um das eigene Leben herausfinden zu einem wirklichen Kampf des Glaubens.
Es ist eine große Vision, die Johannes hier vor uns ausbreitet. Und wir wollen diese Vision vom Heil, vom besseren Leben und von der Vollkommenheit mit kleinen Schritten verwirklichen.
Der erste Schritt ist, die wunden Stellen des Lebens unter die heilende Hand des Arztes zu bringen – die Kleider hell machen lassen im Blut des Lammes, sich Vergebung zusprechen lassen.
Und dann den Kampf des Glaubens wagen, Schritt für Schritt, denn Jesus geht voran und ist am Ziel und wird auch uns an das Ziel führen. Dann wird sich der Traum erfüllen, dann werden wir entdecken, dass der Tisch Gottes für uns immer gedeckt ist.
Auch sind wir von königlichem Geschlecht, denn Jesus hat uns zu Königen und Priestern gemacht. Als Gotteskinder sind wir seine Königskinder. Und es sind die Tränen der Liebe, die Jesus über uns

weint, die uns plötzlich die Augen öffnen für unsere Erbärmlichkeit, aber auch für seine Vollkommenheit und Gottes Heil. *Lob und Ehre und Weisheit und Dank und Preis und Kraft und Stärke sei unserem Gott von Ewigkeit zu Ewigkeit. Amen.*

Feste Mauern und offene Türen: die Stadt Gottes

Und er führte mich hin im Geist auf einen großen und hohen Berg und zeigte mir die heilige Stadt Jerusalem herniederkommen aus dem Himmel von Gott, die hatte die Herrlichkeit Gottes; ihr Licht war gleich dem alleredelsten Stein, einem Jaspis, klar wie Kristall; sie hatte eine große und hohe Mauer und hatte zwölf Tore und auf den Toren zwölf Engel und Namen darauf geschrieben, nämlich die Namen der zwölf Stämme der Israeliten.
Und die Stadt bedarf keiner Sonne noch des Mondes, dass sie ihr scheinen; denn die Herrlichkeit Gottes erleuchtet sie, und ihre Leuchte ist das Lamm. Und die Völker werden wandeln in ihrem Licht; und die Könige auf Erden werden ihre Herrlichkeit in sie bringen. Und ihre Tore werden nicht verschlossen am Tage; denn da wird keine Nacht sein. Und man wird die Pracht und den Reichtum der Völker in sie bringen. Und nichts Unreines wird hineinkommen und keiner, der Gräuel tut und Lüge, sondern allein, die geschrieben stehen in dem Lebensbuch des Lammes.

(Offenbarung 21,10-12.23-27)

Johannes darf die Gemeinde Gottes in der Gestalt der Stadt Jerusalem sehen. Die Stadt Gottes ist umgeben von einer großen und hohen Mauer, die die Bewohner sorgsam umgibt, sicher birgt und

verlässlich schützt. Eine feste Mauer der Einfriedigung lässt die Menschen ruhig wohnen und glücklich leben.
In der Mauer der Stadt sind zwölf Tore, die weit offen stehen. Die Tore werden nie mehr geschlossen und wirken wie eine freundliche Einladung. Die Gemeinde ist offen, und Gott lädt alle Menschen ein.
Eine einmalig schöne Vision von der Gemeinde: eine fest umgebene Stadt mit offenen Toren, aus denen der Lichtglanz Gottes herausleuchtet und in die die Pracht, Schönheit und Vielfalt der Völker hineinkommen. Alle Gegensätze sind überholt: feste Mauern, die bewahrend einschließen, und viele Tore, die befreiend offen stehen, gehören zusammen.

Das Bild von der Gemeinde in der Vollendung deutet für die Christen in dieser Welt und Zeit eine Spannung an. Gott umgibt uns mit einer festen Mauer, die uns schützt, aber auch abgrenzt, die uns bewahrt, aber auch scheidet, die uns ganz einfriedigt, aber auch fremd sein lässt, die uns liebevoll einschließt, aber auch schmerzlich ausschließt. Gott möchte seine Gemeinde eindeutig umgeben und doch offen sein lassen. Aus der Gemeinde sollen Menschen und Impulse, Lichtblicke und Erkenntnisse, Hilfen und Taten herauskommen. Und die bunte Vielfalt der Menschen mit ihren Fragen und Zweifeln, Sorgen und Schicksalen soll hereinkommen und offene Türen finden.
Nur, wenn die Mauern fest sind, das Christsein ein-

deutig, gewiss und geschützt ist, können die Türen weit offen und die Christen empfänglich sein. Nur, wenn die Christen noch offene Türen, Verständnis und Kraft haben, herauszugehen in die Welt der Meinungen und Religionen, dürfen die Mauern hoch und fest, deutlich und klar sein. In dieser Spannung ereignet sich Gemeinde und reift zur Frucht: fest eingeschlossen in Gottes Machtbereich und ganz offen für alle Menschen und die Welt.

Weil die Spannung so schwer auszuhalten ist und Menschen gerne den einfachen Weg suchen, erliegt die Gemeinde oft der Gefahr, diese gottgewollte Spannung aufzulösen:

Die Mauern sind fest, aber die Türen verschlossen. Manche Gemeinden leben hinter einer hohen, festen Mauer. Sie leben dort geborgen, fühlen sich sicher und freuen sich, dass Gott sie aus einem eigensüchtigen Leben herausgerufen und in die Gemeinde eingefriedigt hat. Aber die Tore sind fest verschlossen. Die Anfragen der Welt haben keinen Zutritt. Andere Meinungen, Kritik und Zweifel dürfen nicht herein. Die Angst vor Beunruhigung und Störung schließt ab. Die Gemeinde lebt von der Abgrenzung und wehrt sich gegen alles Fremde. Es entstehen Freund-Feind-Bilder, und die Menschen werden in Gleich- und Andersgesinnte sortiert. Vertrauen und Freude, Sicherheit und Geborgenheit, die von der hohen festen Mauer ausstrahlen, werden von der Angst vor den offenen Türen erstickt. So entstehen Gemeinden der

Abwehr, Angst und Abgrenzung, deren Leben in der Defensive besteht.
Und wenn die Türen verschlossen sind, geht auch niemand heraus. Man bleibt drinnen, erlebt und genießt das Beisammensein und freut sich an der guten Gemeinschaft. Gerade weil es in der Welt immer kälter, liebloser und härter wird, erfährt man um so dankbarer die wohlige Wärme einer liebevollen und gleichgesinnten Umgebung. Über der Freude an der festen Mauer ist der Auftrag Jesu, missionarisch in die Welt hinauszuwirken, vergessen worden. Die Türen sind verschlossen.
Während Jesus sein Leben mit einem Hirten vergleicht, der eine ganze Herde von 99 Schafen verlässt, um einem einzigen Schaf mühevoll nachzuklettern, gleichen viele Gemeinden abgeschlossenen Gruppen, in denen man sich über die Einzelnen, die von Hunderten geblieben sind, freut, sie hegt und pflegt, während 99 Prozent der Menschen im Dornengestrüpp der Welt bleiben. Man lädt freundlich ein, aber man geht nicht an die Hecken und Zäune und wirbt und nötigt herein. Die Kirche ist zu sehr mit den Problemen hinter der Mauer befasst, mit Fragen der Lehre, mit Streitigkeiten über Taufe, Abendmahl und Geistesgaben, und hat darüber ihren Auftrag, hinauszugehen, oft verloren.
Die festen Mauern sind wichtig und nötig, aber die Türen müssen offen und die Spannung muss bestehen bleiben.

Sie darf auch nicht aufgelöst werden, indem die Türen offen sind und die Mauern niedergerissen

werden. Gott ist Mensch geworden und zur Welt gekommen. So soll auch die Gemeinde im Namen Gottes in der Welt leben und Gott möchte durch sie hindurch zur Welt kommen. Darum empfinden manche Gemeinden die hohen Mauern als trennend und befremdend. Sie wollen nicht von der Welt geschieden, sondern mit ihr und für sie sein. Aus den offenen Türen strömen Verständnis und Bereitschaft, sich mit der Welt zu identifizieren. Darum reißt man die Mauern der Abgrenzung nieder und geht durch die offenen Tore, um sich der Welt gleichzustellen. Aus dem klaren Ruf in die Gemeinde wird der Weg zur Welt. Die Gemeinde geht in der Welt auf, vergisst ihren Anspruch, „ecclesia“ – „Herausgerufene“ zu sein, und tauscht ihre Herausforderung gegen Anpassung ein. Gemeinde wird zum Dienstleistungsbetrieb, der nach Wünschen und Bedürfnissen der Menschen fragt und sie geflissentlich zu erfüllen bemüht ist. Gemeinde steigt ein in den Wettlauf einer ganzen Welt um die Gunst von Kunden und wirbt mit einem attraktiven Angebot. Einem an Gottes Willen orientierten und von der Welt unterschiedenen Leben traut man keine werbende Wirkung zu. Vielmehr hofft man, durch einen an den Wünschen der Menschen orientierten Dienst möglichst viele zu erreichen.
Und wenn die Mauern niedergerissen sind, alle Gaben und Kräfte sich mit der Welt vermischt und sich ihr angepasst haben, dann kommen auch alle Strömungen und Ideen, Meinungen und Geister in die Gemeinde herein. Aus tiefer Angst, intolerant,

eng und fremd zu sein, heißen manche Gemeinden alles in ihrer Mitte willkommen: falsch verstandene Demokratie, fragwürdige Freiheit, bedenkliche Maßlosigkeit, den Geist der Revolution, das Menschenbild des Idealismus, fernöstliche Kulte, transzendentale Meditation, Yoga, Anthroposophie, ja, Aberglaube und Okkultismus. Äußerst kritisch hinterfragt man den prägenden Einfluss der Bibel auf die Gestaltung des Lebens und überlässt sich völlig bedenkenlos den tausend Manipulationen durch Medien und Geister einer in der Tat fragwürdigen Welt. Kirche und Gemeinde werden zum Markt der Möglichkeiten. Stolz zeigt man Pluralismus und Vielfalt vor. Eindeutigkeit und Einseitigkeit, klare Standpunkte, mutiges Anderssein sind wenig gefragt.

Gemeinde wird nur in der Spannung von festen Mauern, die abgrenzen und schützen, und offenen Türen, die einladen und aussenden, leben und wachsen können. Eine Auflösung dieser Spannung – nach welcher Seite auch immer – wird die Auflösung und Zerstörung der Gemeinde zur Folge haben.

Ein Haus ohne Türen wird zum Gefängnis, in dem Menschen ersticken. Und ein Haus ohne Mauern gibt die Menschen der Schutzlosigkeit preis. Nur wer in der Gemeinde sicher wohnt und geborgen ist, kann mutig hinausgehen und freundlich hereinbitten. Und nur wer die Sendung und Offenheit für alle Menschen lebt, darf eindeutig und beruhigt hinter den festen Mauern der Gemeinde zu Hause sein.

Indem die Gemeinde diese Spannung aushält, wird sie darin keine Last, sondern eine belebende Wechselwirkung erkennen. Eine klare Einfriedigung wird eine ganze Offenheit bewirken. Eine missionarische Ausrichtung wird eine richtige Sammlung der Gemeinde erfordern. Die Geborgenheit in der Gemeinde wird die Befähigung für die Aufgaben in der Welt darstellen. Sammlung und Sendung werden einander ablösen und ergänzen.
Jesus Christus hat diese Spannung gelebt. Er war in den Willen Gottes fest eingeschlossen, in Gottes Machtbereich tief eingefriedigt, im Gebet zu Gott ruhig und gesammelt. Und weil Jesus so eindeutig Gott gehörte, konnte er hingehen und sich den Menschen hingeben, ihre Not teilen, ihre Fragen verstehen, ihre Ängste ernstnehmen, ihre Schuld auf sich nehmen, ihren Tod sterben und ihr Gericht aushalten, ohne von all den Mächten verschlungen zu werden. Jesus wohnte bei Gott und kam zu den Menschen.
Und so sehr Jesus offen und empfänglich war für alle Nöte und Fragen, Zweifel und Sorgen, so sehr er die Menschen gesucht und geliebt, eingeladen und gelockt hat, so wenig hat er sich ihnen angepasst, sich selbst, seinen Anspruch, seine Herausforderung zurückgenommen, nur um andere zu gewinnen. Er ist den Menschen in Liebe nachgegangen, um sie herauszurufen, aber er ist ihnen nicht nachgelaufen, um ihre Anerkennung zu erhaschen. Jesus hat mit letzter Hingabe gedient, damit Menschen zum Frieden kommen mit Gott, aber er hat die Menschen nie nach ihren Wünschen be-

dient, nur um Frieden zu haben. Jesus war ganz er selbst und konnte darum alle empfangen. Er gehörte ganz Gott und konnte darum auch überzeugend zu ihm einladen.

Für alle Bereiche des Lebens bleibt diese von Gott gewollte und im Leben Jesu so vorbildlich dargestellte Spannung eine Aufgabe.
Unser persönliches Leben braucht feste Mauern und offene Türen. Jeder braucht ein Zimmer, das er abschließen und in dem er mit Gott allein sein kann. Wir brauchen Zeit für uns und Gott, bevor wir Zeit für andere Menschen haben. Wer nicht für sich selber sorgen, Muße finden, Ruhe einplanen, Entspannung suchen kann, wird auch nicht für andere sorgen können.
Wir müssen uns in der Beziehung zu Gott selbst finden, bevor wir zur Begegnung mit Menschen und Fragen fähig sind. Identität und Kommunikation stehen in einem unlöslichen Zusammenhang. Um mit anderen Menschen eins werden zu können, bedarf es eines verlässlichen Zuhauses und einer klaren Distanz. Nur so werden wir die Extreme von sklavischer Abhängigkeit und feindseligem Gegeneinander überwinden.

Unser Familienleben braucht feste Mauern, die es schützen und abgrenzen, wenn unsere Häuser wieder Impulse und Anregungen geben wollen und zu Orten der Begegnung werden sollen. Eine Familie muss für sich und um eine gemeinsame Mitte versammelt sein. Mahlzeiten und Freizeit, Abende und

Tage der Familie, geschützt und von Störungen freigehalten, dienen dem Einswerden, Starkwerden und Fähigwerden. Bevor jeder Einzelne einer Familie in Schule, Beruf, Haushalt und Gemeinde mitwirkt an der Gestaltung des gesellschaftlichen Lebens, müssen alle miteinander das Familienleben gestalten lernen. Bevor wir hinausgehen und uns in alle Richtungen zerstreuen, müssen wir gesammelt leben. Ein offenes Haus, aus dem viel Gutes kommt und in das hinein man gehen kann, braucht die festen Mauern einer verlässlichen Umgebung.
Manche Familien leben ganz für sich allein hinter hohen Zäunen und undurchsichtigen Hecken. Sie haben an sich selbst genug. In anderen Familien ist jeder Einzelne rastlos unterwegs, um für sich das Leben zu gewinnen. Keiner kann genug bekommen und jeder erfährt den anderen als Hinderung bei dem gierigen Griff nach Glück und Wunscherfüllung.
Beide Extreme gleichen sich in der Unfruchtbarkeit und Wirkungslosigkeit. Nur in der Spannung von festen Mauern und offener Tür werden unsere Familien wieder Orte, an denen Leben mehr und besser, schöner und würdiger wird.

Auch das Gemeindeleben sollte ein ausgewogenes Verhältnis von Offenheit und Verbindlichkeit haben. Diese Spannung hält die Gemeinde in Bewegung. Hier ist ein falsches Zur-Ruhe-Setzen unmöglich. Im wachen Horchen wird die Gemeinde den Weisungen ihres Herrn mutig gehorchen müssen.

Wir wollen die Spannung als Wunder begreifen, sie nicht zum Gegensatz machen, aber sie auch nicht auflösen.

Alle Spannung zielt auf Erlösung. Die Vision des Johannes stellt die Vollendung in Aussicht. Diese große Vision fest im Auge wollen wir als Gemeinde Jesu die richtigen Schritte tun. Feste Mauern umgeben uns und offene Türen laden ein und lassen uns hinausgehen. Mauern und Türen sind Zeichen der Liebe und darin bei aller Spannung eins. Wir sind in Liebe eingeschlossen und in Liebe hinausgesandt. Nur in der Liebe werden Mauern und Türen positiv und fördernd sein.

Quellenverzeichnis

Bibeltexte: Lutherbibel, revidierter Text 1984, durchgesehene Ausgabe in neuer Rechtschreibung, © 1999 Deutsche Bibelgesellschaft, Stuttgart.

Spitta, Ruth: Wir bauen; aus: Ruth Spitter, Leise Dinge, Christlicher Zeitschriften Verlag, Berlin 1965.